CÍRCULO
SAGRADO
DE LUZ

CÍRCULO
SAGRADO
DE LUZ

Canalizadas por
L.B. Mello Neto

CÍRCULO SAGRADO DE LUZ

Mensagens das consciências cósmicas das Plêiades, de Órion e da Lemúria

1ª reimpressão

MEROPE
editora

Copyright © L.B. Mello Neto, 2015
Copyright © Editora Merope, 2015

PROJETO GRÁFICO E DIAGRAMAÇÃO	Desenho Editorial
ILUSTRAÇÃO DE CAPA	Wolfepaw (Peggi Wolfe)
CAPA	Desenho Editorial
COPIDESQUE	Opus Editorial
REVISÃO	Hebe Ester Lucas
	Entrelinhas Editorial
COORDENAÇÃO EDITORIAL	Opus Editorial
DIREÇÃO EDITORIAL	Editora Merope

Todos os direitos reservados.
Proibida a reprodução, no todo ou em parte, através de quaisquer meios.

Dados Internacionais de Catalogação na Publicação (CIP)
(Câmara Brasileira do Livro, SP, Brasil)

Mello Neto, L. B.
Círculo sagrado de luz : mensagens das consciências cósmicas
das Plêiades, de Órion e da Lemúria /
canalizadas L. B. Mello Neto. – Belo Horizonte, MG :
Merope Editora, 2015.

1. Consciência 2. Cosmologia 3. Cura espiritual
4. Espiritualismo 5. Evolução espiritual I. Título.

15-08483   CDD-133

Índices para catálogo sistemático:

1. Consciência cósmica : Evolução espiritual : Esoterismo 133

MEROPE EDITORA LTDA.
Rua Bernardo Guimarães, 245 sala 1602
30140-080 – Belo Horizonte – MG – Brasil
Fone/Fax: [55 31] 3222-8165
www.editoramerope.com.br

Dedicado a Jorge Perutz
(*in memoriam*),
Jonas Barcellos Corrêa Filho
e Teresinha Dolabela Romeiro
(*in memoriam*).

Sumário

Apresentação (*por L.B. Mello Neto*) 9
Introdução (*por Luiz Bezerra*) 13
Saudamos vocês (*por Stella*) 15

1. Seres do Aletheia 17
2. Novos seres 35
3. Ciência 43
4. Jogo do mundo 53
5. Existência humana 67
6. Evolução humana 81
7. Evolução espiritual 115
8. Curas espirituais 141
9. Mistérios cósmicos 161

Mensagem final (*por Joehl*) 189
Índice das perguntas dirigidas às consciências . . . 191
Agradecimentos 199

Apresentação

Desde que comecei a receber consciências cósmicas de cura no Instituto Aletheia, em 2010, abri-me para proporcionar uma troca presencial entre elas e os seres humanos.

Além dos processos de orientação e cura em diversas dimensões, algo que passei a incluir em minhas atividades de vida por entender que é parte de minha missão aqui, decidi criar espaços de diálogo onde o público pudesse participar e indagar diretamente às consciências – segundo orientações delas mesmas, é assim que gostariam de ser chamadas – sobre temas específicos. As consciências dispuseram-se a manifestar sua presença e foi realizada uma série de encontros em que as pessoas tinham liberdade para lhes fazer perguntas de toda natureza. A compilação dessas conversas foi feita por voluntários e, à medida que acrescentávamos conteúdo, percebíamos quão ricas eram as informações e que deveríamos disponibilizar esse material de alguma forma.

Resolvemos então organizar esse conjunto de ideias em um livro, o que não foi tarefa fácil. Os seres multidimensionais não usam uma lógica linear e não têm referências de nosso mundo; portanto, tudo estava completamente solto, sem uma sequência exata. Tivemos um trabalho imenso para conseguir criar uma lógica que fizesse sentido e pudesse gerar contextos de entendimento.

Apesar de as consciências falarem de uma forma muito direta e simples, ainda assim precisamos levar em conta que elas não habitam este mundo tridimensional.

Entendo que a curiosidade humana é natural e que muitos têm vontade de saber de onde esses seres provêm. Então, deixe-me dizer um pouco sobre eles. No total, são mais de oitocentos seres que se conectam comigo oriundos de três lugares básicos: das estrelas Plêiades, da constelação de Órion e do continente "perdido" da Lemúria (que vivem no interior da Terra). Esse conjunto de seres tem um só propósito: sustentar um grid de cura pelas rondas individuais já superadas, mas não abandonadas. Eles têm todo o poder para curar qualquer doença, desde que exista uma permissão maior, e acreditam que sua presença é importante até que os seres humanos confiem na autocura e a realizem. Quando isso ocorrer no mundo, a presença deles com esse propósito será desnecessária.

Neste livro, encontramos mensagens de seres que se autonomeiam, apesar de serem inomináveis. As consciências que participam são:

- Stella – Um ser pleiadiano puro de origem crística, atemporal, que vibra em dezenas de dimensões e está presente em diversos mundos e universos;
- Luiz Bezerra – Um ser de Órion que sustenta a manifestação azul e está presente em diversos planetas de nosso sistema solar, como Júpiter, Saturno e Terra;
- Jheremias – Um ser pleiadiano da base de comando estelar do conselho galáctico;

- ATA – Um ser de natureza lemuriana que vive no interior da Terra; está dimensionalmente presente em diversos trabalhos em nosso planeta, com outros nomes, e sustenta o reino de Agartha;
- JOEHL – Um ser do Sol, sustenta o planeta Terra há milhões de anos; permeia os reinos angélicos, dos elfos e das forças da natureza;
- EAHHH – Um ser conhecido como emissário, pois transita por todos os mundos e em todas as frequências, originário de uma fusão pleiadiana com Órion;
- YAHNON – Um ser do sol central galáctico, suporta campos planetários e camadas dimensionais sobrepostas;
- MARIA – Um ser pleiadiano pela origem liriana, sustenta a manifestação rosa em diversos planetas.

Atualmente, essas consciências trabalham por meu intermédio realizando curas – quando permitido, certamente – e ensinando a autocura. Desejo que este livro seja uma fonte de aprendizado e esclarecimento para você, leitor.

L.B. MELLO NETO

Introdução

(por Luiz Bezerra)

Sejam muito bem-vindos ao nosso encontro!

Nós aguardávamos há algum tempo esse novo momento, uma nova qualidade de energia e tudo na mais perfeita ordem. Por mais que percebam que o mundo de vocês passa por um caos, em um outro plano está tudo na mais perfeita ordem.

Vocês são criaturas muito especiais, conhecemos cada um de todas as formas que possam imaginar. O mais importante é que nós honramos muito todos os seres, não só os que estão aqui na forma humana, mas todos os que, neste momento, estão neste mundo, neste plano. Nós os exaltamos muito porque é um trabalho importante de transição que vocês estão fazendo. Esse trabalho já foi realizado várias vezes no fechamento e na abertura dos ciclos de mudança deste plano. Vocês escolheram estar aqui, não só neste nível de existência, na forma como se manifestam, mas também neste momento conosco, por isso nós honramos todos e estamos em festa. Estamos alegres e felizes de poder comunicar, de poder falar com vocês da maneira mais próxima que conseguimos encontrar.

Vocês terão a oportunidade, nos próximos tempos – e de certa forma já vêm tendo –, de tirar suas dúvidas e clarear caminhos para que possamos ter um trabalho íntegro com o propósito da unidade.

Eu sou Luiz Bezerra, um nome que me deram e acolhi de bom grado, como dizem, ainda que minha existência seja, de certa forma, vamos assim dizer, inominável. Todos nós vivemos uma oportunidade para poder nos divertir, para poder ser alegres e fazer as coisas. Eu quero que vocês entendam que temos de fazer tudo com muita alegria. Temos muitos trabalhos a ser feitos, mas não deixem que nada fique pesado. É importante nós celebrarmos, por mais dura que seja a nossa existência. A alegria é a pulga saltitante do universo. Entenda que podemos colocar alegria nas coisas. E em todas elas. Quero dizer para vocês que tudo já está traçado, tudo já está estabelecido. Nós vivemos dentro de um entendimento uno do que se passa no planeta. Mas o fato de nós estarmos tranquilos não quer dizer que vocês também devam ficar totalmente tranquilos. Tomem suas atitudes, entrem em ação, mas com alegria. Façam o movimento que lhes cabe e tudo no seu tempo vai ser revelado. Nós estaremos todo o tempo com vocês e os conhecemos muito bem. Sabemos suas origens e isso nos honra muito. Mas vocês devem ficar atentos porque outros virão, e não são poucos. Muitos hoje não estão aqui presentes, mas farão parte daqui. Recebam essas pessoas com alegria, com todo o amor que vocês têm, porque o amor é o caminho. Nada o substitui. Fiquem em paz, meus amigos.

Saudamos vocês

(por Stella)

O trabalho que vocês fazem e sua presença muito me alegram neste momento do planeta, em todos os níveis.

Vocês são muito importantes, e para toda a humanidade neste planeta. Vocês escolheram e foram escolhidos. Muitos poderiam estar aqui neste momento, mas são vocês as manifestações conscientes certas para fazer a transição tão importante deste ciclo que se encerra. Por isso nós nos sentimos muito honrados pela presença de todos.

1
Seres do Aletheia

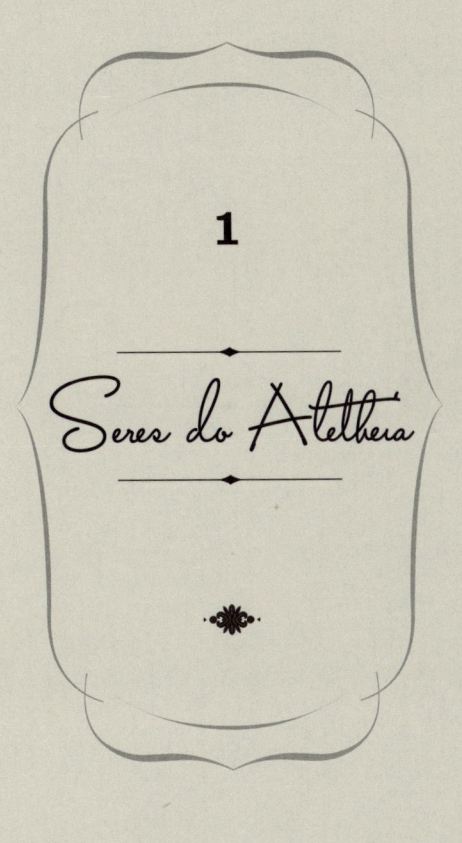

Quem são vocês?
(por Stella)

No entendimento de vocês, e não no nosso, cabem algumas explicações. Alguns de vocês vão compreendê-las; outros, talvez não. Por enquanto.

A primeira é a seguinte: nós somos um grupo vasto. Alguns dos nossos são linhas, e vocês não entendem isso. Somos consciências em movimento e também em não movimento; outros são como uma bolinha pequena. Vocês, às vezes, podem pensar que se trata de seres manifestados em aparência humanoide, e não são; às vezes, manifestam-se como se fossem uma bolinha viva. Outros seres são difíceis de entender porque se apresentam sob formas não conhecidas ou inexplicáveis para vocês. Alguns deles têm aspecto humanoide, outros exibem formas reptilianas; há os que são fluxos vivos e interativos e os que são feixes de cores; alguns são como nuvens, outros são formas geométricas inteligentes sobrepostas; há, por fim, seres de difícil explicação para o entendimento atual de vocês. Portanto, existem muitos seres e de todos os tipos e origens com vocês, cada qual com sua particularidade. São como uma inteligência viva. Alguns conseguem entrar no veículo* por meio dos olhos e ver vocês. Outros têm êxito em fazer isso pelo campo vibracional ou pelo tipo geométrico da natureza vibracional deles. Há aqueles tipos, ainda, que não conseguem ver

---

* Entenda-se por "veículo" o corpo físico de um ser humano utilizado pelos seres (consciências) para realizar um trabalho de cura espiritual ou aconselhamento. Esse ser humano também é chamado de "canalizador". [Nota do Editor]

vocês como forma humanoide, mas como pontos apenas, pontos eletromagnéticos. Esses seres não precisam que os olhos do veículo estejam abertos; eles sentem só pelo fato de estar vibrando no corpo do veículo, e então percebem vocês. Outros seres conseguem vibrar sem entrar no campo da dimensão de vocês, podem se aproximar e interferir em seu campo, onde quer que estejam. Somos seres atemporais. Tempo e espaço não existem para nós. Este exato instante, para nós, é um momento passado e, simultaneamente, é um momento futuro da realidade de vocês, sem deixar de ser, a um só tempo, o exato instante. Mesmo em nós, campos sobrepostos se misturam em uma intenção coletiva de acordo com suas existências.

Vocês não conseguem compreender isso. Por enquanto.

Este é o estado em que nós nos encontramos. É de onde nós enxergamos vocês.

Nós só conseguimos fazer esse contato nesse nível, aqui e agora, porque há um propósito e porque estamos criando um sistema de acoplamento energético por campo vibracional em sinapses.

Só é possível realizar esse contato se o ser que está na dimensão de vocês vibrar, no mínimo, em 22 dimensões. Uma vez que o veículo (o canalizador) vibre em 22 dimensões, ele possibilita a todos nós a oportunidade de conseguir, neste momento, criar as sinapses necessárias para efetuar o acoplamento, ter a capacidade de fazer a leitura toda do campo e usar palavras de forma linear.

Para nós, utilizar a fala é muito difícil. Nós não nos comunicamos dessa forma. Nós nos comunicamos em pacotes, em sinais, alguns usam sons e *paicon* (um acoplamento comunicativo de interseções dimensionais – algo impossível de ser feito na terceira dimensão). É como se mandássemos para vocês todo um pacote completo. Nós não usamos a fala. Do local onde estamos, para cada coisa que falamos, perdemos muita energia por meio das palavras. Palavras são energias de baixa vibração, na maioria das vezes. É difícil para nós falarmos. Esta é uma ação linear. É uma atividade vibracional antiga que vai mudar também no plano de vocês. Com o tempo, vocês aprenderão a se comunicar em forma de pacotes, não vão mais precisar usar palavras. A palavra é algo muito atrasado para nós, e, no futuro, será também para vocês.

Por exemplo, nós poderíamos ter dito isso tudo para vocês, transmitido toda essa informação, em um intervalo que corresponderia a um segundo em sua unidade de medida de tempo.

O caminho seria vocês perguntarem tudo e nós respondermos tudo em um segundo. Seria muito mais fácil, mas a realidade na qual vocês se encontram não permite isso. Certamente existe uma razão para tanto, e a compreendemos diante de seu estágio evolutivo.

Além disso, somos três grupos de vibrações. Por vezes, manifestamo-nos no corpo do veículo por meio de mais de um dos três grupos, simultaneamente.

Quando não estamos no corpo do veículo, fazemos um trabalho separado. Introjetamos esses três grupos no corpo do canalizador e eles, às vezes, ali permanecem e o sustentam para que um de nós possa fazer o trabalho. Isso acontece, por exemplo, quando trazemos especialistas. No mundo de vocês existem especialistas, não é? No nosso, também.

Esse ser é trazido para realizar uma ação específica, para executar um trabalho de cura. Então, nós entramos no corpo do veículo, o sustentamos e essa consciência especializada vem para fazer o trabalho que precisa ser feito. Por que procedemos a essa sustentação? Alguns desses seres não têm condição de entrar no corpo do veículo por si sós. Se nós os deixarmos entrar no corpo sozinhos, o canalizador pode ir para o chão, pular para o teto ou fazer um monte de coisas estranhas para vocês, simplesmente porque não entende nem domina a realidade corporal e gravitacional. Assim, ele pode machucar alguém e a si mesmo.

Há seres que não sabem se comportar no veículo. Dessa forma, um grupo de vibrações entra primeiro e cria a condição necessária para a canalização, sustentando o corpo para que um outro ser entre e faça o trabalho que deve ser feito. Muitas vezes, o ser nem se comunica para não criar problemas, pois alguns não usam sons conhecidos. Existem seres muito diferentes, bem mais do que vocês podem imaginar, e são de difícil compreensão, dada a realidade limitada em que se encontram. Não suponham que os seres espirituais são como um molde de vocês, porque não são.

Como podemos identificar vocês?
(Coletividade de seres)

Somos 82 seres neste momento, manifestados e falando. Nós trabalhamos de uma maneira tão perfeita que conseguimos criar campos de interação simultâneos. São sinapses do nosso campo energético. Seu funcionamento pode ser de difícil compreensão, mas tem uma ciência. Tudo o que ocorre do nosso lado é explicável. Absolutamente tudo. Não há nada que não possa ser justificado. Tudo vem com o tempo e de acordo com a capacidade de entendimento da explicação. Para que vocês consigam entender, primeiro tem de haver condições para fazê-lo. Assim, antes de qualquer coisa criamos as circunstâncias para que vocês compreendam. Vocês vão começar a entender determinadas coisas à medida que tais condições existam e se manifestem por meio de seus estudos, pesquisas e revelações.

O problema é que vocês estão completamente desconectados do coração. Esse é o primeiro obstáculo.

Outro ponto é que existe muita falação. A sua mente é um enorme falatório. Por diversas vezes, nós estamos prontos para conversar com vocês, estamos vibrando ao seu lado, mas vocês não percebem porque criam tanta confusão que não conseguem chegar até nós.

Não é que nós damos privilégio para um ou para outro. Isso não existe. O que existe é a condição de cada um. Nenhum ser é melhor do que o outro. Há pessoas com diferentes missões, mas isso não faz ninguém ser melhor ou pior. Uma pessoa tem a função de guiar o carro e a outra, de prestar manutenção.

Se a pessoa que presta a manutenção não fizer o trabalho bem-feito, de que adianta a outra guiar o carro? Se a pessoa se esmerar na manutenção e a outra não souber guiar e bater o carro, de que adianta a manutenção bem-feita?

O problema do ser humano é que ele sempre quer ser melhor do que o outro. Isso não existe. Cada um tem sua função, assim como este veículo aqui tem a função dele. Assim como vocês têm a sua. Cada pessoa desempenha o seu papel neste momento, mas ninguém é melhor do que ninguém.

De onde vocês vêm e por que estão ajudando?
(por Stella)

Nós viemos de muitos lugares onde o tempo, o conhecimento e o espaço são percebidos de muitas outras formas. Neste momento, vocês não têm essa compreensão. Mas tanto nós quanto vocês fazemos parte de um mesmo movimento, fazemos parte de uma mesma energia, fazemos parte de um mesmo propósito. Inclusive, palavras como "nós" e "vocês" não cabem no *nosso* entendimento.

O trabalho feito aqui é sustentado pelas energias da constelação que vocês chamam de Touro, a 28 graus neste universo, no hemisfério norte, que muitos conhecem como Plêiades. Outra parte da sustentação deste trabalho também vem por meio de seres oriundos de um sistema que vocês conhecem como Órion. O terceiro grupo está localizado em seu planeta ou sistema. São seres lemurianos que habitam o interior de sua casa maior, a Terra. Eles vivem e vibram em frequências diferentes; não têm energia nem vontade de viver acima da crosta terrestre, mas se adaptaram ao interior e vivem em inúmeras cidades 100 quilômetros abaixo da superfície. Os lemurianos desenvolveram o mentalismo vibracional em alto estágio e podem sustentar trabalhos e ajudar em vários níveis dimensionais.

Todos os grupos têm muito interesse, amor e desprendimento em relação a vocês, manifestando-se neste lugar [o Aletheia] para poder ajudá-los – e a nós também – na transição pela qual passam, em todos os aspectos e níveis. Nós viemos de diversos lugares e atuamos em inúmeros trabalhos neste planeta. E estamos presentes em vários mundos, sob múltiplas formas. Nós somos multipresentes. No momento que eu, Stella, aqui me manifesto, presente também estou em muitos outros lugares sob diferentes formas e em distintas condições.

A nossa estrutura e o nosso nível expandido permitem isso, a maneira como nos manifestamos. E a razão de estarmos aqui é retirá-los do estado de reiteração dos vícios. Vocês ficaram viciados em muitas coisas, em muitos apegos e muitas memórias que não lhes servem mais e já não fazem parte do seu ciclo evolutivo. Nesse sentido, justifica-se o fato de todos nós termos um papel a desempenhar em prol das limpezas necessárias para que vocês possam cumprir o que está traçado na jornada de cada um, para onde devem ir e o que devem fazer. Nós somos seus irmãos no espaço, onde o tempo não existe. Nem passado, nem presente e nem futuro. É isso o que nós fazemos.

A discrepância entre o nível do ser humano e o nível de vocês é extremamente grande – parâmetros diferentes. O que o ser humano representa no universo, no futuro, para justificar essa ajuda?

(por Stella)

Primeiramente é um resgate. Uma parte desses grupos criou problemas com interferência em campos de experimentação dimensional; construiu uma interface tão grande com sua própria criação que se tornou ela. Então, parte dos grupos está fazendo uma autolimpeza de campos dentro de seu carma coletivo. Há outros grupos de seres que simplesmente decidiram doar sua luz e sua consciência para sustentar a transição deste ciclo. Esses seres estão bem acima dos jogos cósmicos vividos por este universo.

Por outro lado, sobre a discrepância mencionada, é importante que entendam uma coisa. Vamos inverter a situação, coloquem-me no seu corpo e venham para o meu lado. Eu vou me sentir como vocês e vocês vão se sentir como eu. Eu também vou ficar limitado se entrar no seu corpo; nele, a condição de operação é muito precária. Vocês só trabalham com duas fitas, embora tenham doze delas à disposição. É como se vocês tivessem um computador com baixa capacidade de armazenagem e de processamento de informações. O que nós vamos trabalhar nos próximos encontros, e isso faz parte do plano, é sustentar a vinda de seres que estão nascendo com três fitas*. Os seres que nascem com três fitas têm a capacidade de mover objetos, de ler a mente dos outros. Imaginem, então, seres com quatro fitas ou mais.

———◆———

Estamos passando por uma transição importante dentro de um ciclo que está se encerrando, e vocês estão aqui para nos ajudar a atravessá-la. Mas vai dar tempo de socorrer a todos? Ou o auxílio virá apenas para um pequeno grupo que já havia acordado isso antes de vocês virem para cá?

(por Stella)

Não há por que vocês se preocuparem com isso. Apenas continuem a fazer o que estão fazendo. Essa é a única coisa com a qual vocês devem se ocupar. Incontáveis mensagens e muitas confusões adentram o planeta, chegam de várias formas e de diferentes maneiras. Isso também faz parte do mundo de vocês. A confusão, as más interpretações e, principalmente, o medo histórico que vocês têm de que algo maior e terrificante venha a acontecer são frequentes. Por que isso? Porque, no fundo, vocês retêm as memórias de eventos similares que aconteceram há mais tempo, mas que, desta vez, não ocorrerão da mesma forma, senão de uma maneira diferente. Porque assim é e assim está escrito.

---

* Fita equivale a DNA. [Nota do Editor]

Vocês, das egrégoras* que nos ajudam, também se alimentam das emoções dos humanos?
(por Stella)

Absolutamente, não. Nosso papel com vocês é completamente distinto. E mesmo se nos alimentássemos das emoções humanas, isso faria parte de um acordo coletivo e não representaria algo nocivo, e sim uma experiência para ambos os lados. O nível de manifestação aqui, assim como em outras casas de manifestação similares no mundo, é um acordo dentro de uma transição conduzida por meio de uma força maior. Essa é uma manifestação de pura doação, e vocês podem me perguntar: Qual é a razão da doação? Ela é a mais profunda manifestação da compreensão de que, de certa forma, nós também temos um grau de responsabilidade em relação a tudo o que ocorre com vocês. Isso porque, de onde estamos, vocês são nós e nós somos vocês. Nós não poderíamos simplesmente assistir a essa transição, uma vez que há um papel a cumprir e nós temos condições de desempenhá-lo. Se não fôssemos nós, deste grupo energético e deste acordo, outro grupo teria assumido, pois o importante não é que sejamos nós a fazer, mas que o trabalho seja feito. Nós nos dispusemos a realizar essa tarefa.

---

* Egrégora é uma coletividade espiritual de mesma linhagem cósmica. [Nota do Editor]

Já está havendo alteração na estrutura de vocês? Como se dão as manifestações coletivas de seres espirituais?

(por Stella)

A manifestação coletiva de várias entidades e seres existiu – e existe – com propósitos efetivos. Tomemos como exemplo esta casa, o Aletheia: uma vez que os seres passaram a se manifestar em número maior, a energia agora flui de uma maneira muito mais solta e fácil por meio do corpo do canalizador. São muitos seres, algo próximo do milhar. Todos se manifestam aqui em vários níveis e em várias dimensões sobrepostas, interpostas, impostas e expostas. Todos os seres estão realizando processos de cura no momento em que as pessoas procuram os centros espirituais.

Quando uma consciência se manifesta de forma isolada, dentro do entendimento de vocês, muitas coisas são feitas em um universo paralelo. Enquanto alguns seres estão locados em uma atividade específica, outros estão trabalhando pessoas desde a porta de entrada de um centro espiritual. Muitos seres ficam na entrada dando suporte a um processo de cura, quando autorizado. Muitos deles estão atuando na jornada das pessoas desde suas casas até o local de trabalho. Outros muitos agem em diferentes planos. Trabalhamos em vários corpos e subcorpos humanos fazendo ajustes e recolhendo o excesso nocivo de memórias e sentimentos. Os olhos de vocês muitas vezes os traem, pensando que a verdade existe somente naquilo que se vê. O que se vê é apenas um pequeno aspecto de manifestação de conexão em que se cria uma ponte para outras coisas que são realizadas em um nível que os olhos humanos não veem.

Por essa razão, é importante vocês terem consciência de que muitos seres estão aqui presentes. Pode até ser que alguns de vocês consigam nos ver. Muitos se permitem ser vistos, outros não, porque não é necessário, e, de certa maneira, fazem bem, pois vocês não iriam compreender algumas formas que aqui se manifestam. Alguns de nós são incompreensíveis diante de seus olhos. Filetes, pontos, movimentos e sopros são algumas das formas pelas quais os seres se manifestam. Aqueles que se manifestam por sopros são raramente vistos, pois vocês precisam estar num estado dimensional além da quadragésima dimensão. E aqui eles estão.

Concluindo a resposta a essa pergunta, quando os seres entram no veículo, eles se alinham para que o canalizador possa vibrar em vários planos e por meio do próprio corpo. O corpo é a manifestação da terceira faixa, responsável por nossa manifestação local; por meio dela o corpo passa a sustentar a presença e oferece as condições necessárias para que todos esses milhares de seres se manifestem. Por isso, é preciso que haja um veículo, pelo menos um, que consiga vibrar em todas as nossas faixas nesse momento encarnado. Assim podemos nos encaixar para trabalhar.

O que é isso que vocês chamam de "faixa"? Nós, humanos, estamos na terceira faixa, então. Quantas existem?

(por Eahhh)

Dentro dos limites daquilo que vocês poderão entender até o momento, o que posso informar é que são 52 faixas* no total. Vocês terão acesso a doze delas nos próximos tempos. No passado da humanidade, muitas raças tinham acesso a todas essas doze faixas, mas, agora, isso será feito de uma maneira muito gradativa. Alguns seres entre vocês já nascem com algumas faixas a mais, e, na existência que vivem, cada vez que fazem limpezas energéticas, limpezas de lembranças e traumas passados desta vida e de outras, essas pessoas estão abrindo caminho para que os próximos seres nasçam com uma condição existencial melhor.

Muitos de vocês, nesse processo de limpeza, ficam na esperança de receber um prêmio: uma nova faixa. As coisas não vão ser necessariamente assim. Isso não é uma questão de premiação, em que, por conta de um belo trabalho realizado, vocês vão receber uma faixa a mais, um nível a mais no seu DNA, uma vibração mais acentuada. Alguns receberão, outros não. Mas o mais importante é que vocês criam espaço para uma manifestação muito mais alinhada para uma próxima vida. Este é o ponto importante a se captar. Procurem entender a própria existência sob uma perspectiva mais ampla, não restrita somente a esta vida. Vocês estão traçando cami-

---

* As consciências chamam de faixa o que denominamos dimensão. [Nota do Editor]

nhos, preparando e semeando a terra para que possam aqui voltar e colher frutos ainda mais substanciosos.

Vocês, as nossas consciências e os nossos "eus superiores", em que faixa vibram normalmente? Para mudar de faixa, é sempre necessário um veículo? Podem mudar para cima?
(por Eahhh)

Vocês aprenderão a transitar entre as faixas daqui a algum tempo, e perceberão que muitas delas já existem na sua realidade. É seu nível de consciência que ainda não permite que vocês assim as enxerguem.

No momento em que eu expresso algumas palavras, mesmo que de uma forma primária, elas apresentam uma vibração, situam-se em uma faixa. Vocês perceberão que muitas faixas existem de maneira sobreposta e simultânea. Em breve, e cada qual a seu tempo, vocês estarão aptos a notá-las, mas, como a humanidade é coletiva, esse processo se dará de forma mais abrangente no que diz respeito a ver, sentir, perceber e transitar dentro de algumas faixas.

Os chamados "espíritos desencarnados" são diferentes das consciências? Quais as diferenças entre eles?
(por Eahhh)

São bastante diferentes, sim. Os seres desencarnados que anteriormente atuaram no instituto de vocês fizeram um trabalho primoroso, valoroso, glorioso, abrindo o campo para que outras energias pudessem se apresentar quando o estado do planeta atingisse um nível em que pudéssemos nos manifestar.

Estamos nos manifestando hoje graças à divina vontade e ao trabalho desses seres que passaram por este plano e conheciam muito bem as histórias e os dramas dos homens. Os dramas que eles viveram, e ainda vivem, puderam ser sustentados na manifestação de cura que proporcionaram.

No entanto, os seres que agora trabalham nesta casa – e não só nela, mas em muitos outros pontos do planeta, sob muitas formas e nomes – ainda não tiveram a manifestação no interior do campo de vocês, e, creio, não terão nas atuais circunstâncias. Nossa estrutura de leitura é primorosa e dá condição para que possamos traduzir, mesmo que de forma primária e primitiva, algum nível de conhecimento e comunicação como o que estou transmitindo para vocês neste momento.

Por essa razão, então, posso dizer que a experiência desse momento é distinta da dos momentos anteriores, exceção feita àqueles seres que passaram pelo veículo anterior e que eram originários de Órion. Esses seres já operavam nesta casa. Ajustes precisavam ser efetuados, tendo em vista os dramas de Órion. E alguns desses seres tiveram de sair do trabalho daqui porque faziam parte de um ajuste eletromagnético necessário para uma fundação de alinhamento energético. A polaridade era mais acentuada anteriormente.

Agora o ajuste é outro, é um outro campo. Os seres que aqui estão vieram de muitas partes do universo, e aqui pouca experiência tiveram. Mas tenho um completo entendimento de tudo o que é, bem como do que vocês são, do que foram e do que se tornarão.

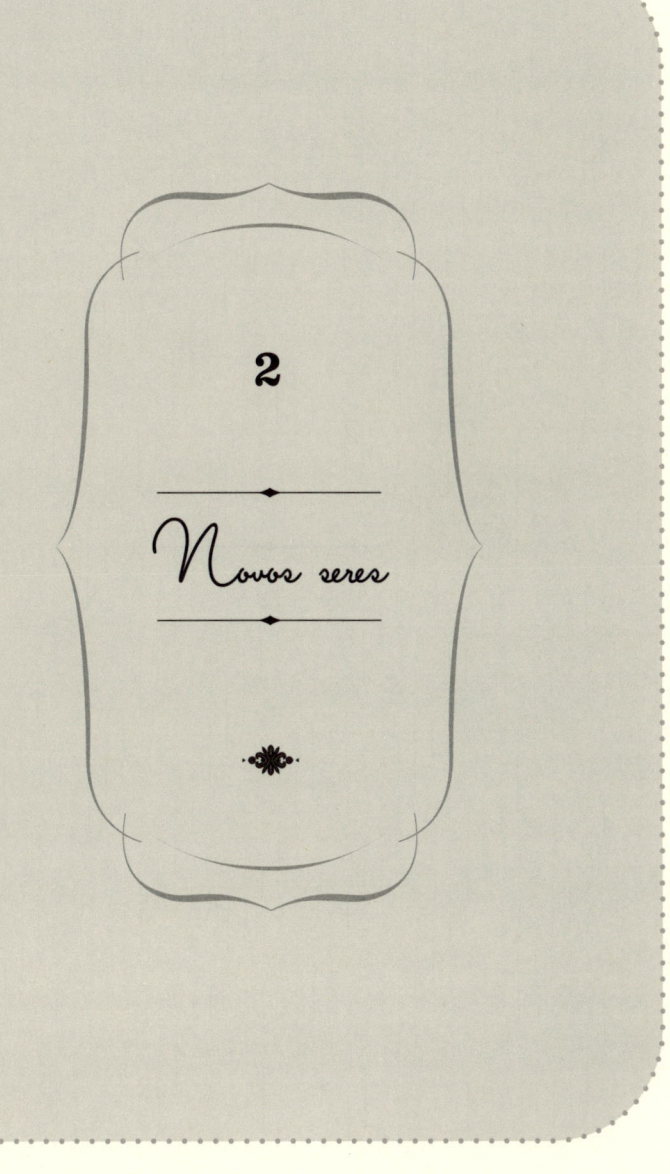

Uma vez que nossa estrutura é antiga, como vamos sobreviver no novo cinturão de luz fotônica* que está chegando?

(por Jheremias)

O corpo de vocês é firmado na estrutura do carbono, e ele será total e gradativamente reformulado. Toda configuração que vocês conhecem como corpo vai mudar nos próximos tempos. E quando eu digo "próximos tempos", isso pode não representar o período tão curto nem o tempo tão longo que vocês imaginam. Mas isso está previsto no caminhar da humanidade. É a evolução natural de vocês na transição para uma nova raça em um novo corpo.

Trata-se de uma experiência sem precedentes, programada por todos aqueles que aqui estão. Muitas vezes, vocês acreditam que os corpos se modificam rapidamente. Talvez, em nossa grandeza de tempo, sim; mas na de vocês, não. Seus corpos aumentarão de tamanho nos próximos tempos, e vocês já podem perceber isso nas crianças que estão nascendo. Vocês voltarão às medidas de um ciclo mais distante, em que sua média de altura oscilava em 3 metros; sua cabeça terá um formato bem distinto do que é hoje. Quando o primeiro ser humano assumir essa compleição, será o prenúncio de um novo tempo. Pouca preocupação vocês deveriam ter com isso.

---

* Fótons de luz cósmica que existem no universo. [Nota do Editor]

Os novos seres que estão vindo, já conectados com a luz fotônica, vão nos ajudar ou vão nos dominar?
(por Jheremias)

Tudo que é necessário para a manifestação do plano da existência de transição, dentro da nova estrutura organizacional energética que vocês têm no planeta, já foi providenciado. Os seres conectados com a transição vão naturalmente pressionar para que as coisas andem dentro dos novos patamares. Aqueles que não estiverem dentro desses patamares não serão dominados, mas tampouco conseguirão se manter nesta estrutura energética que aqui se encontra. Muitas pessoas de luz não conseguem se adaptar ao planeta e vão para as drogas, enlouquecem ou surtam, entre outras reações. Seres de alta frequência e baixa adaptação energética sofrem muito na existência como humanos encarnados. Esta é a razão pela qual já foi dito aqui que muitos estão partindo por causa de doenças autogeradas ou pelo suicídio. Esses humanos de luz talvez não consigam se manifestar dentro desta escola "Terra" e acabam se manifestando em outro lugar.

Em que momento da evolução da humanidade nós estamos?
(por Joehl)

A percepção de tudo que acontece está sujeita à longevidade do corpo que vocês agora possuem. A sua visão de mundo é filtrada pelos limites do seu tempo a partir desse corpo. O tempo de vida do seu corpo já restringe sua consciência, sua capacidade de extrair, de entender e de lidar com as linhas do tempo. Então, nós podemos entender que a evolução da humanidade – vamos dizer, da raça humana, especificamente – tem a ver com o tempo de vida do seu corpo; é essa "duração" que dá a dimensão da humanidade. O grau de entendimento dessa condição de existência à qual vocês estão submetidos, típica do planeta em que vivem, está atrelado, de certa forma, ao seu corpo. Se seu corpo amplia a capacidade de acumular anos, seu potencial de tradução e de consciência aumenta.

Houve tempos, neste mundo, em que esse corpo de vocês era bem diferente, tinha estruturas diferentes, apesar de vocês serem bípedes. Talvez nem tivessem sido vocês a habitar esse corpo, mas outras raças, porque vocês migram de raça em raça. Em outros tempos, vocês tinham altura diferente, estruturas diferentes. Houve época em que dois corações batiam em seu peito, não um só. A sua capacidade de amar, de compreender e de se relacionar era muito maior do que a que vocês têm hoje.

Não era uma forma de amar tão egoísta como agora. Vocês podem perguntar: Por que essas estruturas acabaram? Por que esses corpos sumiram? São ciclos. Quando há experiência coletiva, em que todos já experimentaram de tudo, é como se vocês se cansassem coletivamente e dissessem: Ah, queremos outras experiências, vamos acabar com isso e começar tudo de novo, de outra forma. Assim, vocês começam a querer vir para essa ou aquela raça, e sob outras formas. As coisas são longas para vocês; para nós, do outro lado, não são tanto. A percepção é totalmente diferente.

Em que ponto vocês estão? Vocês se encontram num ponto frágil, habitam um corpo frágil, limitado, mas com perspectivas de expansão. E como se dará essa expansão do corpo? Que alteração ele sofrerá? A transformação ocorrerá com as novas gerações. São gerações atrás de gerações, um movimento que pode levar de quarenta a setenta anos – em sua medida de tempo – para que o corpo aumente de 2 a 3 centímetros, em sua escala de proporção.

Vê como as coisas são lentas desde a sua óptica? Alguns de vocês podem se indignar e preferir voltar a este mundo quando tiverem um corpo melhor. Mas essa é a experiência que vocês escolheram: a condição primária na qual se encontram em relação ao seu futuro, vamos dizer assim. No entanto, o corpo de vocês ainda é melhor do que era no passado.

Como vocês podem compreender a evolução da humanidade? Há muitas maneiras, mas o corpo é uma boa forma. Se vocês olharem para trás, num curto espaço de tempo em se tratando da sua história, observarão que as condições em que viviam eram tão precárias que as pessoas morriam muito jovens; no transcorrer do tempo, os seres humanos, de uma forma geral, passaram a viver mais, com uma prolongação da vitalidade do corpo. Então, em que momento da evolução vocês se encontram? Vocês estão exatamente num ponto de mutação do corpo.

E que ponto vocês devem atingir para obter uma estrutura que seja de elevado nível de vibração? Vocês ainda vão levar, aproximadamente, de 3 mil a 4 mil anos (em sua contagem de tempo) para chegar a um nível primário de elevada consciência. Vocês vão ter boas encarnações antes disso. Talvez até nos encontremos em outras oportunidades. Então, vejam como as coisas são demoradas. A sua pressa é grande porque seu nível de consciência é baixo. Quanto mais baixo é o nível de consciência, maior é a pressa de evolução espiritual. Quanto menor a pressa de evolução espiritual, maior é a consciência da experiência, da realidade e de que seu mundo é o que acontece aqui e agora. Isso é importante para vocês entenderem sobre o tempo das coisas.

3

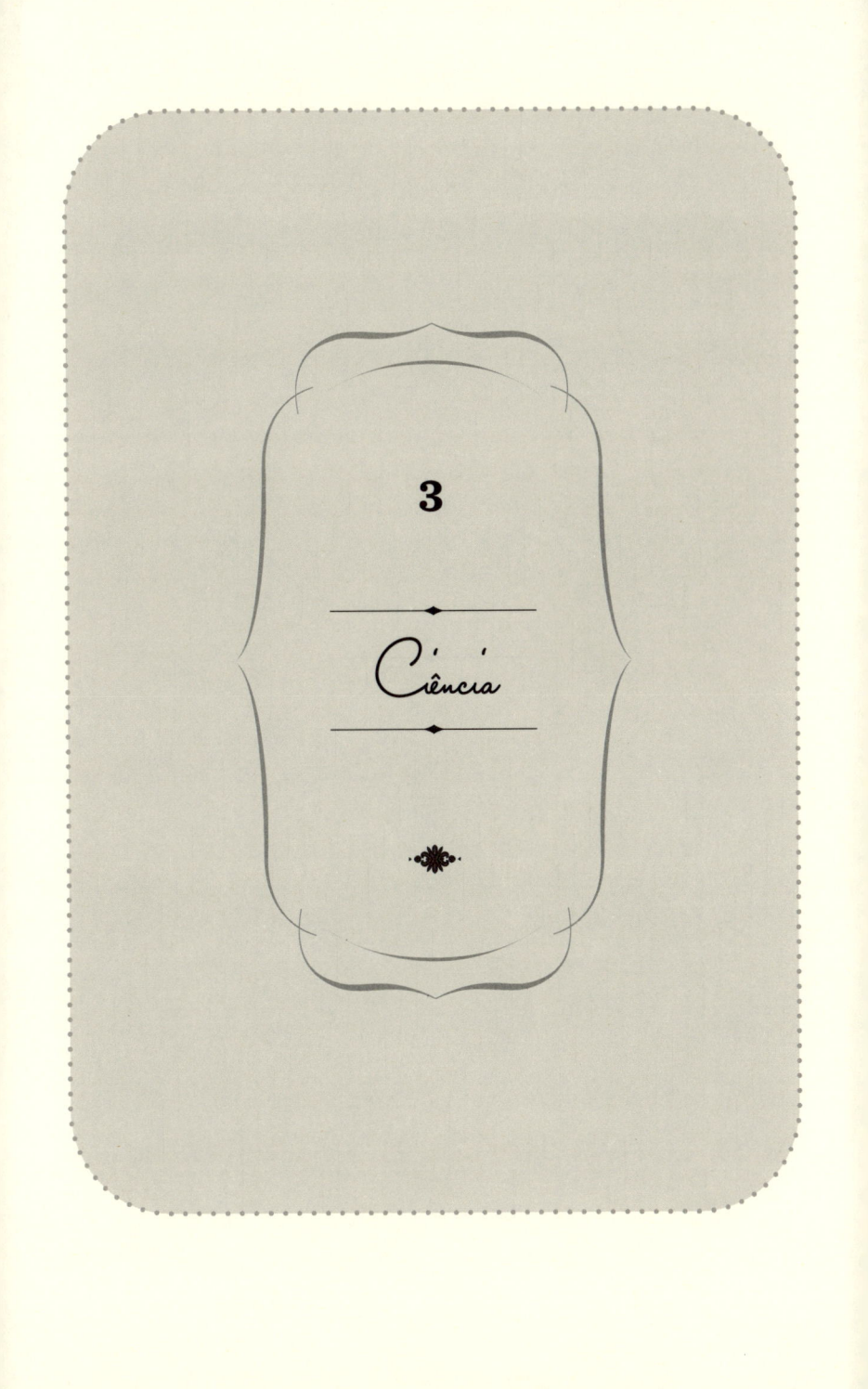

Ciência

As informações geradas pela numerologia e pela astrologia têm validade, fundamento e verdade?

(por Luiz Bezerra)

O universo é autoconsciente. Os números e as conexões estão completamente estabelecidos. Neste plano, nossos irmãos de Sirius são responsáveis pela estruturação do seu planeta.

A Terra é uma forma geométrica perfeita, na mais absoluta integridade numérica. Todos os astros se comunicam. Todas as comunidades se comunicam. Todo o universo se autocomunica. É difícil para vocês compreenderem isso por causa da condição primária, limitada, em que se encontram. No entanto, os números e as conexões dos astros são a linguagem mais absoluta que existe, embora haja distorções nas interpretações e nas traduções dessa linguagem no seu mundo.

As comunidades que vocês chamam de indígenas são formadas por irmãos seus que se perderam durante alguns anos, mas que agora estão voltando e resgatando todo o seu poder e inteligência. Algumas dessas comunidades têm uma leitura completa e precisa dos astros, e os astros traduzem exatamente toda a jornada construtiva do universo. Portanto, um bom objeto de estudo está aí. As novas revelações serão feitas nos próximos tempos porque existem algumas peças que foram perdidas, uma vez que, anos atrás, o conhecimento da astrologia era completamente uno com o cotidiano das pessoas.

Nos últimos tempos, tudo se perdeu, muitas coisas se dissolveram e outras tantas se distorceram. Mas não há como ninguém mais segurar, bloquear ou frear as informações que estão chegando ao plano. Os que estiverem em sintonia e com o seu campo limpo, vão baixar essas informações e disseminá-las por todo o mundo.

À medida que a frequência do mundo se afina, novos níveis de informações são liberados. Essas informações, ou campos de conhecimento, como gostamos de chamar, estão disponíveis para ser assimiladas ou baixadas por aqueles que se sintonizam com elas. É assim que algumas pessoas trazem inovações ou mudanças radicais ao seu mundo. Essas mudanças já são algo disponibilizado, ninguém é dono de tais conhecimentos, apesar de alguns se fazerem de donos por ter alcançado a frequência desse campo.

Conforme o mundo vai alterando sua frequência em níveis mais iluminados, novos conhecimentos são disponibilizados e assim por diante. O inverso também ocorre quando o ciclo se inverte, ou seja, a frequência começa a ficar mais densa e campos de conhecimento são restringidos, e até avanços ou conhecimentos são perdidos. Isso tudo faz parte de uma grande orquestração e não há nada de errado. Tudo é um grande jogo combinado, apenas lhes foi tirada essa lembrança para que ela não atrapalhe sua experiência.

A teoria de Einstein foi suplantada pela aceleração dos neutrinos?

(por Eahhh)

Toda e qualquer teoria do planeta de vocês ficará obsoleta; nenhuma vai conseguir se sustentar nos próximos tempos. Vocês embarcarão na aventura da descoberta científica e a ciência vai lhes abrir a mente em níveis inimagináveis. Neste planeta, nada do conhecimento que até agora foi estabelecido pelos postulados de seus cientistas terá permanência. Isso não significa que tudo o que foi construído está perdido, mas, por absoluto e em absoluto, eu lhes digo que tudo é incompleto. Nenhuma teoria é completa, até o momento.

E mais. Em hipótese alguma vocês teriam condição de elaborar uma completa teoria do conhecimento, tendo em vista o grau de obscuridade, de escuridão e de cegueira em que vocês se encontram. Não por culpa de vocês, mas em razão do jogo e do ciclo pelo qual vocês passam.

Mas saibam que tudo, rigorosamente tudo, tem explicação nos multicampos da existência*.

Qual a formação e o componente químico da energia escura?

(por Jheremias)

A energia escura é uma manifestação do vácuo dentro da sua intenção. Já o componente químico, deixo para que vocês possam se aventurar em suas brincadeiras científicas. Se nós simplesmente lhes dermos as fórmulas, qual a finalidade

---

* As consciências preferem chamar de multicampos da existência aquilo que denominamos universo. [Nota do Editor]

de sua presença aqui? Só para recebê-las de nós? Se fosse o inverso, vocês nos dariam a fórmula? Certamente não. Por essa razão, é importante entender que o merecimento faz parte da jornada humana, e o merecimento é reflexo daquilo que vocês se esforçam para obter. Nós valorizamos o esforço para que vocês possam descarregar as informações de dentro do campo de conhecimento que é criado no mundo.

À medida que o nível de consciência da humanidade vai se elevando, pelo trabalho individual de cada um, novos níveis de conhecimento vão sendo acessados. E assim sucessivamente. E o que está acontecendo neste momento é que o nível de consciência da humanidade está aumentando de modo progressivo, em uma velocidade muito favorável. Provavelmente, vocês vão começar a receber muitas informações e a abrir novos campos. Vocês estão com planos de fazer outros experimentos em níveis muito avançados, em outras partes do mundo. Esses experimentos vão trazer novas fórmulas, novos entendimentos, novos achados que vão surpreender a comunidade científica. Isso é o que vem nos próximos tempos.

O antropofágico buraco negro é portal para outras dimensões?

(por Jheremias)

Uma pergunta que não precisa de resposta. No entanto, o buraco negro é mais do que simplesmente um campo de energia, contém mais vida; mas algumas coisas foram feitas para não ser compreendidas. Isso faz parte da regra, no nível em que vocês estão, exatamente para que possam, por meio de seu esforço coletivo enquanto humanidade e da sua ciência, encontrar as explicações. Faz parte da jornada e não nos cabe dar as respostas a vocês. Não é a regra do plano.

Visto que há várias dimensões, onde fica o nosso alter ego?

(por Jheremias)

Na terceira faixa.

Se a viagem no tempo for possível, como fica a teoria do avô?

(por Luiz Bezerra)

A teoria do avô surgiu da seguinte forma: o tempo e o espaço são muito relativos. Vocês têm começado a avançar no campo da ciência exatamente em cima do dobramento e da dobradura do tempo. O presente, o passado e o futuro se sobrepõem dentro da óptica não linear na qual existem. Às vezes, alguns de vocês dão passos e avançam em direção ao entendimento de como isso acontece. O que eu vou trazer para vocês, em termos de conhecimento, pode parecer um pouco estranho, em um primeiro momento, mas reflete as múltiplas realidades que se sobrepõem dentro de uma realidade. Vocês podem viver sua vida como uma realidade única, mas poderiam muito bem avançar e regressar no tempo.

Por vezes, vocês podem ter a percepção de que muitas coisas já estão ocorrendo em paralelo à sua realidade e, de repente, vocês voltam ao tempo presente, ao exato instante, pensando que tudo não passou de um sonho. Mas talvez não tenha sido sonho; vocês estiveram no futuro, interferiram no futuro, alteraram-no e, ao mesmo tempo, modificaram sua existência no presente. Vocês podem pensar que tal coisa não seja possível, mas descobrirão que é, de fato.

Vejam, se uma pessoa regressar ao passado e resolver matar seu avô, ela deixará de existir. Mas sua existência se extingue a partir de que momento e em qual realidade? Ela passa a não mais existir a partir do momento em que matou o avô, no passado. E em que realidade ela está vivendo agora? Em uma realidade múltipla e sobreposta.

Então, vocês são uma experiência conjunta de múltiplas realidades percebidas a partir de uma referência, do olhar para fora. Este "para fora" pode ser o presente, o passado e o futuro que se sobrepõem dentro de múltiplas realidades inseridas no próprio passado, no próprio presente e no próprio futuro. Eu tenho absoluta certeza de que é difícil compreender isso, mas vocês são os criadores da sua realidade. Vocês têm condição de voltar ao passado, de ir para o futuro e de mudar a sua realidade hoje.

É muito fácil afirmar tal coisa porque estou aqui do outro lado, estou observando tudo e vocês não conseguem ver isso. De fato, eu lhes digo que é fácil porque vocês não estão aqui; se estivessem, teriam condição de captar o que eu estou falando, tudo ficaria mais simples de entender. Mas, no plano existencial em que se encontram, vocês compreendem a realidade simplesmente como aquilo que é "real", e não como múltiplas realidades.

Assim lhes apresento uma outra maneira de ver o mundo, um prolongamento do que vocês entendem que seja a teoria do avô, pois este é apenas um nome, algo que podem enxergar no seu mundo a partir simplesmente do que são vocês. Nada mais existe a não ser o que vocês experimentam.

Vocês podem observar as pessoas à sua volta, olhar para tudo o que conquistaram materialmente e para aquilo que sua vida representa e simplesmente dizer: nós criamos isso tudo, trouxemos isso para nós. Isso é sinal de poder, de espírito criador; é uma criação do universo. Essa condição reflete a capacidade que vocês têm de entender como o universo se manifesta a partir de uma visão de mundo e dentro de uma atuação cósmica. Um aspecto pequeno, mas fundamental.

É possível, sim, que essas coisas todas se sobreponham e que existam.

Toda vez que vocês se ampliam dentro da sua programação, nós vibramos. Imaginem vários estádios de futebol lotados de seres batendo palmas para vocês. A cada pessoa que vocês atendem e ajudam a alcançar um campo de energia mais livre, a fim de que ela melhore e possa manifestar as luzes que entram neste plano – nos limites do propósito atual dele –, vocês são aplaudidos e podem se sentir merecedores de tudo que estão recebendo.

Eu quero que vocês entendam que o que acontece com o planeta é apenas o rabo do jacaré. A pontinha do rabo do jacaré se mexendo. Imaginem que o jacaré resolveu se coçar todo, resolveu dançar e se remexer. Vocês são a ponta do rabo. Cuidado para não pensar que tudo está acontecendo por causa de vocês, mas vocês são a causa de tudo o que está ocorrendo com o jacaré. E o jacaré é a causa do que está havendo com vocês. O universo todo está em movimento neste momento, assim como outrora ocorreu. Portanto, sintam-se parte dele, honrem este instante, pois, ainda que vocês estejam aqui presentes – e mesmo que estivessem em outro lugar –, certamente não deixam de realizar seu trabalho. E vocês estão trabalhando exatamente naquilo em que precisam trabalhar. Mas entendam que o trabalho é uma grande diversão, é uma grande alegria e um grande contentamento.

Então, encarar a mudança e vivenciar todo o processo como se fosse uma energia de muito contentamento é uma maneira bastante nobre de se viver. Lembrem-se sempre disso a cada instante, quer ele seja bom, quer vocês entendam que ele não seja. Desfrutem o estado de contentamento simplesmente por ele existir.

4

Jogo do mundo

Nossos conceitos de bem e mal, de certo e errado, prevalecerão só no nível em que estamos? Não vale para o nível de vocês?

(por Eahhh)

Esses conceitos existem em vários níveis em que o jogo da polaridade está presente. É importante entender que os multicampos de existência envolvem vários jogos, e o jogo ao qual vocês pertencem, há muitos anos, é o da integração de polaridades. Este é um jogo longo, mas existem seres que estão vindo para cá e que já viveram, experienciaram e participaram dele, conhecendo-o muito bem. Eles estão vindo para ajudar vocês a fazer o fechamento deste ciclo. Entendam que o ciclo é curto para nós e longo para vocês, mas ele já começou.

Afora nossa dimensão e limitação, existe a polaridade entre bem e mal? Como o mal interfere além da Terra?

(por Luiz Bezerra)

Vocês são parte de um jogo no qual precisam unir as polaridades, e elas se unirão no fim desse jogo. Da perspectiva de quem apenas observa, a polaridade só é percebida quando já se está nela. Quando vocês não estão imersos na polaridade, conseguem ter a clara noção de que ela é vocês e vocês são ela. No instante em que percebem isso, ela deixa de existir. A partir do momento em que vocês se inserem em um eixo de vibração e reconhecem o outro eixo, acabam se colocando em uma condição que nós chamamos de separação. É quando vocês se encontram, exatamente, sob um véu de separação.

Neste ciclo que se manifesta, e dentro da proposta na qual foi concebida, a Terra só pode ser guiada se, efetivamente, existir a separação. Esta é uma ideia muito combatida por vocês atualmente, mas é importante que seja entendida. A separação foi necessária, em muitos níveis e em muitos aspectos, para que vocês pudessem obter o aprendizado de que precisam.

O que envolve a separação? Vocês dividiram o planeta em Oriente e Ocidente, dividiram o gênero humano em masculino e feminino, dividiram a própria distribuição espacial em áreas, em distritos. Vocês delimitaram as coisas.

O que isso significa? A despeito do julgamento que se faz daquilo que seja o bem e daquilo que seja o mal, é importante entender que esse movimento tem dois propósitos: um de ida e um de volta. Trata-se de uma expansão e de uma contração; do movimento de autoexperimentação de cada um em relação às suas possibilidades. Se vocês não têm a oportunidade de experimentar de tudo, com toda a liberdade de que dispõem, qual o sentido de existir?

Qual a razão da existência?

(por Stella)

Vocês podem, neste mundo, experimentar de tudo. Podem coletar todas as experiências e classificá-las a partir de princípios que vocês próprios elegeram, como positivo e negativo, bem e mal. Mas é importante entender que, sob a óptica vibracional, o bem e o mal não existem, independentemente de qual seja a faixa em que se encontram. A liberdade do indivíduo, dentro de seu espectro de programação, é total; portanto, vá ao encontro de seu coração. É no coração que se abre um mar de possibilidades alinhadas com seu propósito de existência.

Até que ponto temos algum controle sobre a nossa vida, já que somos apenas parte do jogo, aquilo que coletivamente experimentamos?

(por Stella)

Esse ainda é um campo com precária condição de entendimento para vocês. Nós podemos dizer que foi tudo programado. Sua vida se enquadra em um planejamento que concede a vocês espaço para o livre-arbítrio, mas esse espaço está dentro de uma programação, dentro de um espectro no interior do qual vocês podem tomar algumas decisões, como fazer alterações para a frente e para trás na linha do tempo. Mas, ainda assim, cabe pensar: essa liberdade de escolha de vocês já não faz parte da programação?

É difícil para vocês admitirem que tudo está programado, não é? Todavia, este é um universo de livre-arbítrio. Sim, existem espaços para escolhas e tomadas de decisão, embora a programação seja uma só, para todos, em todos os sentidos e em todos os aspectos.

No limite do possível, a manifestação de vocês é ampla para que lhes seja dada a possibilidade de fazer suas escolhas a partir da experiência vivida. A consciência que vocês têm de si mesmos como seres humanos plenos sofre uma interrupção (corte) – essa é uma das regras para que o jogo funcione –, e isso lhes permite ver a manifestação de cada um em sua condição mais primária de consciência. Quanto mais primária ou mais primitiva for a manifestação, mais pureza e mais verdade ela contém.

Se vocês se encontram na condição primitiva e adotam os passos que foram acordados com a manifestação do universo, vocês vivem um estado de equilíbrio completo dentro do mais alto grau de primitividade de consciência. Sendo assim, quando nascem, mediante acordos com todos os seres que mantêm este plano, vocês têm condição de abrir muitas experiências para que possam refletir e fazer suas escolhas. Lembrem-se de que o que vocês vieram aprender e o que vieram fazer já lhes foi determinado, mas as escolhas são suas dentro do grau de primitividade no qual se encontram.

Seu nível de consciência não permite que vocês compreendam isso, mas saibam que o universo é palco de vários jogos, e jogos dão condições para os experimentos. São vocês que criam as oportunidades, as diversas estruturas e emaranhamentos de energias e de propósitos para manifestação das frequências em vários sentidos, sobrepostos e interpostos.

Esses jogos com propósitos determinados geram campos para que os criadores humanos, nas suas divisões e multifacetagens, possam exatamente fazer experimentações e criar condições para que esses experimentos produzam novos experimentos em progressões constantes, dentro de seu propósito, neste momento do universo e a partir da própria contingência de expansão dele. Esse é o sentido do jogo. O jogo deste universo é o jogo da integração de polaridades.

Existem outros jogos no universo que vocês não compreendem nem têm condição de fazê-lo. Mas cabe entender que o jogo da integração de polaridades tem muito valor e que vocês estão nele há muitos anos.

Levando em conta nossos conceitos de bem e de mal, existem consciências (ou seres energéticos) incorporadas nos humanos que os levam tanto para o lado do bem quanto para o do mal? Há essa diferença?

(por Eahhh)

A classificação de bem e de mal é histórica dentro do jogo de polaridades em que vocês vivem. Sob um prisma maior, não existe o bem nem existe o mal, mas uma sensação que pode ser qualificada como agradável ou desagradável de acordo com a manifestação que estejam experimentando. É o caso das coisas que os incomodam e das que lhes dão prazer; daquilo que lhes transmite paz e daquilo que lhes causa aflição. Isso também é uma polaridade.

A partir do momento em que vocês integram e entendem que existe a polaridade do conforto e do desconforto, do incômodo e do prazer, vocês param de classificar eventos e ações como bem e mal. Para que todos possam experimentar de tudo, e assim se sentir integrados dentro do seu plano de existência maior, é fundamentalmente necessário que haja conforto e desconforto. Como vocês podem se exercitar e desenvolver os músculos do corpo se não tiverem o desgaste físico? Como podem caminhar sem ter o atrito com o chão? As forças que vocês consideram do mal talvez sejam as mais nobres e realizem uma das tarefas mais difíceis e árduas deste planeta. Não é fácil fazer o trabalho do mal, daquele que desconcerta, que incomoda, que desestrutura, que atrapalha. E esse é um trabalho nobre porque os fortalece. Quando aprenderem a lidar com essas coisas, vocês passarão a reconhecer tudo o que são, a força e o poder que têm, sua soberania sobre essas situações; aí, então, lhes caberá apenas agradecer a essas mesmas forças por tudo o que demonstraram.

Enquanto a fraqueza humana persistir, essas forças lhes incomodarão. No entanto, como este é um mundo de polaridades, para que vocês não se desestruturem por completo nem se desviem da sua programação, também precisarão fazer acordos com determinados seres e energias que vieram para lhes dar suporte, para equilibrar situações, para ajudá-los a superar os obstáculos de sua passagem por este planeta. E esses seres, que vocês chamam de seres do bem, simplesmente fizeram um contrato com vocês.

Em outros momentos, esses mesmos seres poderiam ser do mal, se assim vocês os considerassem, entendendo que o mal é tudo aquilo que os desconforta. Vejam como, muitas vezes, tudo é relativo; depende do prisma, da óptica sob a qual se analisa, do tipo de contrato que vocês fazem. Nesse sentido, fica claro que muitas existências se manifestam em paralelo.

Esses seres que pactuam com vocês e que são classificados como bons e maus também se submetem, dentro de seu plano e nas bases contratuais de manifestação que estabelecem com vocês, à mesma condição de aprendizagem. Eles igualmente estão em um processo de aprendizado por aceitarem esse papel, no qual também têm acordo com outros seres que lhes dão sustentação, apoio e suporte – ou até os atrapalham, conforme a função que a eles é designada. Entendam que isso tudo está entrelaçado de alguma forma, tanto vocês com eles quanto eles com vocês. No momento em que se rompe o contrato, outros acordos passam a existir para que o desenrolar de sua transição ao longo da jornada possa se manifestar da maneira como deve ser.

Temos hoje no planeta cerca de 7 bilhões de habitantes. Cada um deles é veículo para um ser energético diferente? Todos representam um contrato firmado e em vigência? Todos fazem parte do jogo? Sempre foi assim, desde a origem?

(por Eahhh)

Desde o surgimento do universo, este plano de existência faz parte da criação, faz parte do movimento, de uma espiral de experiências as quais a Terra, como um planeta experimental, também compartilha e oferece a todos os seus habitantes para que as provem das formas mais variadas possíveis. A raça humana é uma dessas experiências. Vocês não habitam a Terra para ter uma experiência como humanidade; vocês a povoam para ter todo tipo de experiência que este planeta proporciona.

Vocês já tiveram muitas e múltiplas experiências manifestadas em toda forma de vida. Partindo-se do entendimento de que toda forma de vida é uma experiência, vocês têm vida em cada estágio do plano e em todos os seus partícipes, desde um inseto, como a formiga que aqui está e poderia ser uma manifestação de vocês, até grandes mamíferos, como um elefante; portanto, seja em seres de manifestação corpórea mais sutil, seja em seres de manifestação corpórea mais densa, a consciência é uma só. Ela se manifesta de todas as formas. Como curiosos que são, vocês gostam de experimentar de tudo; então, não vejam a experiência atual como uma experiência mais evoluída ou menos evoluída. Ela é uma experiência e tem seu significado, assim como o tem cada experiência que todo ser vivo proporciona para seus coirmãos. Sob essa óptica, vocês podem acolher todo tipo de vida, dialogar com ela e reconhecê-la. Dessa maneira, seu intercâmbio energético se torna mais amplo, mais forte e presente, e o amor se manifesta exatamente por esse nível de consciência das interações.

O que chamamos de alma é o ser energético que fez o contrato para o jogo? É o nosso Eu Superior?
(por Eahhh)

Todos vocês são desdobramentos de algo que é o desdobramento de algo que é o desdobramento de algo que é um desdobramento do desdobramento da fonte. Nesse sentido, o conceito que vocês têm de alma passa a ser transitório. Se vocês entendem a noção de desdobramento e de desmembramentos dos desdobramentos, podem se abrir para uma compreensão mais clara e ampla, eliminando ideias como superior, inferior, alma ou qualquer outro que queiram usar. Mesmo que vocês adotem o conceito de desdobramento, nunca devem restringi-lo a algo que seja superior, pois o que é superior ainda é o desdobramento de algo que, no seu entendimento, também é superior. Portanto, vocês são um desdobramento de desdobramentos.

Como três egrégoras trabalham juntas? Isso já ocorreu antes?

(por Eahhh)

Neste plano, ainda não trabalhavam juntas. Os conflitos no interior de Órion eram mais complexos e muitos desses dramas vieram para o planeta de vocês também. Mas essa é uma outra história, bem mais antiga. Os Dragões de Órion chegaram a este planeta muito antes da raça de vocês, da raça humanoide. A raça dos dragões é muito nobre, antiga, originária também da raça dos reptilianos, que vocês conhecem. Muitos dos mestres e criadores de seres de luz que vocês conhecem são dragões, embora não se manifestem dessa maneira. Eles são percebidos e entendidos de uma forma muito distorcida no plano de vocês, mas são seres de beleza absolutamente incomparável. Essa distorção teve um propósito, teve um sentido porque, no mundo de vocês, nada ocorre sem um parâmetro maior já acionado e aprovado. No entanto, os conflitos de Órion neste plano se deveram à distorção também manifestada no jogo de Órion, que revela uma experiência de poder soberana, absoluta e bela, de certa forma. Esses conflitos se deram, principalmente, no interior deste plano, onde grande parte dessa raça vive. São eles que exercem o comando e o poder do planeta. Esses jogos que existiram em Órion, e esse conflito que envolveu as raças de répteis e dragões, entre outras disputas, trouxeram ao plano também muita experiência.

De certa maneira, as raças de Órion se pacificaram, mas são uma estirpe poderosa e tecnológica, como um estado soberano de influência sobre vocês. A raça humana é frágil. Por isso, é importante que vocês aprendam com as histórias que a cada tempo lhes serão reveladas, das mais variadas formas, em todos os cantos e planos do planeta, nas mais diversas línguas. As histórias são contadas e o quebra-cabeça é montado de forma bem gradativa, para que não exista, no nosso entendimento, um choque de realidades que acabe lhes tirando do centro daquilo que vocês devem fazer naquele momento. A raça humana é impressionável, devido à própria condição em que ela se encontra. Por isso, as revelações do que realmente é a história do mundo de vocês vêm sendo feitas de forma bem lenta e gradativa (segundo sua contagem de tempo). Mas essas revelações estão se intensificando à medida que a consciência de vocês aumenta e admite possibilidades em relação às coisas que ocorreram, por mais que elas sejam, de certa forma, chocantes.

5

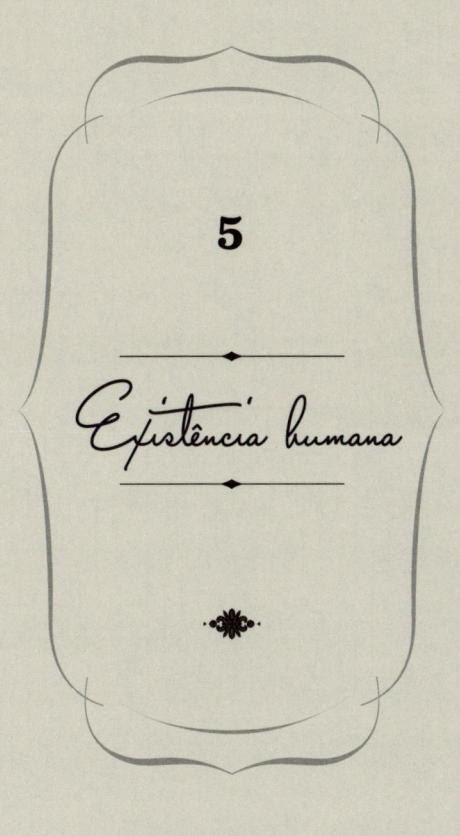

Existência humana

Haverá mesmo o apocalipse? Ocorrerá em breve ou em alguma data no futuro?

(por Jheremias)

Vocês andam em ciclos. Todos andam em ciclos. Nos próximos tempos, vocês conhecerão uma chuva de descobertas, por assim dizer. Vocês vão perceber que não giram em torno do Sol. O Sol de vocês é a oitava estrela de um multicampo. O Sol de vocês gira em torno do sol de Alcione, que é chamado também de o grande sol central. O multicampo ao qual pertencem tem muitos nomes, mas podemos chamá-lo de Ors.

Vocês têm o propósito de circular, de girar em torno do grande sol central. O sistema de vocês gira em torno do sol central há exatos 25.920 anos (na escala de tempo de vocês). Esse é o período de tempo necessário para que vocês possam dar um giro dentro da experiência programada da sua coletividade. (Entenda-se por coletividade um conjunto não restrito apenas ao planeta de vocês.)

Vocês ainda não estão conectados com o todo. O todo envolve o multicampo por inteiro, os outros planos e os outros planetas. Não abrange só as faixas que se manifestam neste planeta, mas as que estão acima e abaixo delas. Toda essa interconexão existe, sempre, no findar e no surgir dos ciclos.

Do início ao fim do ciclo em torno do grande sol central, para que exista o jogo da integração, vocês atravessam pouco mais de 10 mil anos de escuridão, e, ao final desse período, ingressam em uma fase de luz que dura 2.148 anos. Ao final dessa fase de luz vocês voltam ao período de escuridão. É assim que vocês têm manifestado. Esse período de luz vem da energia do sol central, que é uma energia fotônica* baseada na estrutura monofásica.

Quando vocês entrarem nessa faixa do sol central do seu multicampo, que corresponde ao sol central das Plêiades, farão uma grande descoberta sobre o planeta que habitam.

Assim como pensavam que o mundo era plano, assim como criam que tudo girava em torno do *seu* plano, do seu planeta, vocês vão descobrir que a Terra não orbita o Sol. Todo sistema e o Sol de vocês circundam um sol maior, e é ele que rege o centro deste grande multicampo. Quando vocês entram nessa faixa de fótons, esses fótons penetram todos os planos e planetas do seu sistema; invadem absolutamente tudo. É uma luz atérmica – não é quente nem fria. Ela entra por todas as matérias, nada impede que a luz fotônica do grande sol central adentre, na condição em que vocês se encontram na terceira faixa.

Nesse sentido, nos próximos tempos, essa luz vai entrar dentro de vocês e não há como esconder a verdade. Não há como vocês viverem mais na mentira. Isso dura 2.148 anos.

O período inicial dessa faixa se deu por três dias, entre 19 de dezembro de 2012 e 13 de fevereiro de 2013. A contar cinquenta anos a partir dessa última data, a Terra passará por muitas mudanças, pois as estruturas todas vão se modificar. O que vocês pensarem para o futuro vai acontecer. Vocês não

---

* Energia baseada na estrutura do fóton, que, por sua vez, é a decomposição da menor parte daquilo que é chamado de elétron em nossa ciência física. [Nota do Editor]

vão conseguir mais fingir para si mesmos nem para os outros. As máscaras criadas para o período de trevas se extinguirão. A estrutura de luz, por sua vez, será entendida de outra maneira. Vocês não terão mais de voltar para as cavernas obscuras, usando suas velas. As cavernas terão luz própria. Até o sistema de esgoto mais profundo terá luz própria. A luz penetrará em absolutamente tudo. Vocês verão as coisas com outros olhos.

A sua estrutura mudará nos próximos tempos; seu tamanho aumentará. O coração de vocês vai se expandir. Toda estrutura corporal vai ser modificada nos próximos tempos. Isso já está acontecendo. E, para sustentar essa luz fotônica no planeta, novos seres já estão vindo para cá, exatamente conectados com essa luz. Eles promoverão um novo nível de entendimento, um novo nível de inteligência, um novo campo de conhecimento; farão uma nova abertura e as interconexões existirão em todos os níveis.

O grande desafio de vocês para os próximos tempos é entender que não chegaram a um planeta onde a luz fotônica já estava completamente presente, manifestada por inteiro. Então, vocês terão de se superar e conseguir sobreviver em uma estrutura antiga com uma linha de luz nova. A razão de nossa manifestação nesta e em muitas outras partes afastadas do planeta se dá exatamente para preparar todas as pessoas e alterar seus corpos, em vários níveis. Isso é o que nós estamos fazendo todo o tempo, pois vocês não conseguiriam passar por isso sozinhos, até porque não teriam como fazê-lo.

Quando vocês aqui chegaram já sabiam disso, e nós também. Tudo foi acordado. Nós estamos cumprindo o que foi contratado e estamos aqui para limpar seus corpos, para ajudá-los a transformar sua compleição física e também sua consciência. Vocês precisam sustentar os próximos tempos porque, dentro de uma estrutura antiga, não vai ser fácil. Porém, para aqueles que já possuem a estrutura nova no planeta, será muito simples. No futuro, vocês terão uma nova maneira de se movimentar, de enxergar e de se comunicar. A tecnologia vai continuar existindo na vida de vocês.

A Terra não vai acabar, como muitos apregoam, não é nada disso. Vocês estão saindo do ciclo de escuridão, dos 10 mil anos, e entrando no ciclo da faixa de fótons, dos 2.148 anos. Vocês terão 2.148 anos de completa luz, e luz é conexão, é verdade. Não há mentira na luz. (Não significa que a mentira seja algo ruim, pois é o estado de manifestação da experiência e da autoexperiência.)

Ao final do ciclo de 2.148 anos, segundo a estrutura do plano, vocês retornarão para a escuridão e passarão para outro nível. Isso já aconteceu inúmeras vezes no planeta de vocês, no continente que chamam de Lemúria e no continente que chamam de Atlântida. Tudo isso ocorreu, tudo isso existiu. A Atlântida desapareceu no fim de um ciclo de escuridão, quando surgiu o berço de uma nova civilização para três lados do mundo. Um deles é o que vocês chamam de Antigo Egito ou Suméria, onde os conhecimentos foram repassados e uma nova onda de luz se estabeleceu. E assim vocês vão abrindo e fechando ciclos, sucessivamente.

Ao término de cada ciclo vocês ficam cansados, mas quando chegar a nova era de luz, que alguns chamam de era dourada, vocês vão se sentir muito animados a querer voltar para cá. Quando terminar a era de luz, vocês estarão motivados a experimentar uma nova fase de escuridão, começando tudo novamente, em outros níveis e aspectos, e sob outras circunstâncias. Dessa forma, civilizações floresceram e definharam no mundo, e assim tudo ocorre, sucessivamente.

Muitas vezes, grupos de seres de outros planos acorrem ao planeta nesses momentos, encarnam *coletivamente, formam civilizações e depois vão embora, para se autoexperimentar* durante um período. E assim tem acontecido.

Portanto, estes são os novos tempos. Não há porque temer absolutamente nada, pois tudo está previsto. Mas é necessário entender que, por causa da estrutura antiga, da falta de compreensão e da divisão, e pelo estado em que se encontram, vocês ficarão assustados. Assim foi das outras vezes, porém. Apenas mais um ciclo. Mas estamos com vocês para que possamos fazer a limpeza em seus corpos, para que vocês possam se alinhar e receber as luzes que vão entrar no planeta, a cada dia e a cada momento, pelos portais que são abertos nos vórtices da Terra, dentro do grid planetário.

———◆———

O ciclo previsto pelos maias, com término em 21 de dezembro de 2012, corresponde ao fim dos 10 mil anos de escuridão e início dos 2.148 anos de luz? Essa seria a data real de início do período de luz,

uma vez que sua fase inicial se daria entre 19 de dezembro de 2012 e 13 de fevereiro de 2013?

(por Jheremias)

Vocês passarão por um período cada vez mais intenso. As coisas se tornarão gradativas na Terra. A data de 13 de fevereiro de 2013, mencionada por vocês, foi um grande portal de virada pelo qual passaram. Talvez não da maneira como alguns tenham dito para vocês. Cada um viveu esses dias à sua maneira.

O Sol de vocês interferirá nos próximos tempos. Alguns bloqueios vão existir, não de uma maneira tão dramática como vocês imaginam, mas eles serão mais intensos a cada dia. Haverá mudanças, sim, no planeta de vocês. Mudanças físicas. Tudo isso de uma maneira natural, necessária e saudável.

Isso não representa uma punição, e sim um passo à frente. Se vocês enxergarem esses eventos como um passo à frente, poderão modificar a maneira de caminhar e pisar com mais certeza em relação àquilo que está diante de vocês. A única coisa da qual devem se ocupar é saber onde estão pisando e qual é o próximo passo. Se vocês se concentrarem no próximo passo, que é individual e exclusivo, ajudarão, como coletividade, a humanidade a dar o passo seguinte, porque, no fundo, todos vocês formam uma só humanidade. Por mais que vivam sob uma condição individualizada, vocês ainda são gotas de individualidade em um único rio que segue seu curso, indefinidamente.

O que vai acontecer conosco, os humanos, quando chegar esse momento? Nós pertencemos a uma geração privilegiada, que vai participar de uma transição para melhor, ou somos aqueles que serão sacrificados para o aprimoramento de todo o planeta? (Como no caso da Atlântida, que desapareceu.)

(por Stella)

De certa forma, as histórias do mundo de vocês foram distorcidas e algumas foram reescritas de maneira equivocada. Isso também fazia parte do plano da humanidade, em um sentido maior. Portanto, nós podemos dizer para vocês que não há nada a temer. Não existem seres humanos especiais e não especiais. O que existe é apenas uma condição de aprendizado: quem está preparado para assimilar determinado nível de ensinamento e quem ainda não está preparado.

Não se trata, necessariamente, de uma punição, é apenas uma escolha que leva em consideração o estado de manifestação em que cada um se encontra. Muitas vezes, há multifacetação das energias para que tudo comece e se reproduza num estado primário. Muitas vezes, isso já foi feito num plano maior, e vocês se esqueceram.

Este é um dos mais sublimes exercícios de amor que se possa imaginar: simplesmente se dividir em vários e começar tudo de novo. Para vocês, seria aterrorizante fazer tal coisa, mas isso se deve à condição de consciência em que vocês se encontram, à consciência cortada, que é motivada a se movimentar pelo medo. Esse medo é uma grande ilusão. Vocês não têm nada a temer, nem mesmo a morte; agora e em qualquer tempo, vocês não devem temê-la porque vocês jamais morrem. A vida é, sempre foi e sempre será. As manifestações que ela tem é que mudam. Então, não existe morte, existe uma mudança contínua. Até mesmo no seu plano de manifestação.

Jheremias falou que todas as estruturas do planeta vão se modificar nos próximos cinquenta anos; e o que nós pensarmos vai acontecer. Como será isso?
(por Stella)

Isso já vem acontecendo. Vocês foram forjados no interior de um sistema de crenças que os leva a acreditar em muitas coisas. O sistema de crenças de vocês, como sistema, equivale a uma mecanização do raciocínio. Tudo o que vocês projetarem vão receber de volta. E o que é isso? Isso é uma dádiva: a dádiva da criação, de que vocês são seres criadores.

Vocês devem começar a perceber que agem como criadores a todo momento. Vocês criam a própria realidade, qualquer que seja ela, e é dessa forma, como criadores, que nós estamos nos dirigindo a vocês. E quando eu digo nós, estou me referindo a todos que estamos envolvidos no plano de sustentação desta transição de vocês, agora e nos próximos tempos.

Assim, nós podemos dizer que são vocês os criadores; e que cabe a vocês se lembrar de que são os responsáveis por criar a realidade. Por isso, é aquilo que vocês pensam que se transformará naquilo que, efetivamente, é o próprio pensamento. Esse é um movimento dimensional que se dá em uma faixa próxima da que vocês estão manifestando.

Esse princípio vale também para os pensamentos destrutivos? Todos os humanos terão esse poder?
(por Stella)

Como dito, sim. O que vai, volta. Esse é o sentido literal de criação.

Nossa alimentação influencia a conexão com a nossa essência e com o planeta Terra?
(por Luiz Bezerra)

A relação que vocês têm com a alimentação encerra um propósito. Desde o seu surgimento e ao longo de sua história, houve momentos em que a alimentação de vocês era completamente distinta, feita de outras formas. Hoje, existem seres no planeta de vocês que se alimentam de diferentes maneiras. Nos limites da sua realidade, a melhor forma de vocês perceberem o que lhes serve ou não de alimento, dentro da variedade oferecida no seu planeta, é estar atentos à resposta do seu corpo. O grande problema é que muitos de vocês não têm a efetiva conexão com seu corpo. Vocês comem e bebem em excesso, e substâncias que efetivamente fazem mal. Cada corpo tem uma estrutura, e ele dá a resposta de que vocês precisam. Muitos dos alimentos que vocês ingerem não são alimentos de fato, são emoções. Vocês comem emoções o tempo todo. Quando estão ansiosos, vocês comem; quando estão sozinhos, vocês comem; quando estão tristes, vocês comem.

As dificuldades que envolvem toda a alimentação de vocês são de fundo emocional. Enquanto o trauma emocional ou a compensação emocional forem necessários em sua estrutura de consciência, sua alimentação nunca será regida por uma base saudável que proveja o equilíbrio de que seu corpo precisa. Isto é importante que vocês entendam: o equilíbrio emocional é a base de sustentação de toda necessidade nutritiva que os leva a se alimentar, e de todos os alimentos que serão benéficos e úteis dentro da programação que vocês fizeram, de corpo e de vida.

Cabe aqui mencionar que novas formas de alimentação vão surgir nos próximos tempos. O próprio fóton é um alimento. Outros tipos de fruta estão sendo plasmados no planeta de vocês; elas irão crescer em regiões inóspitas e depois serão disseminadas por todo o mundo. Outros tipos de verdura, como vocês chamam, também estão sendo plasmados na Terra.

É igualmente importante entender que os animais servem a vocês. Eles sabem que podem ser úteis. Os animais compreendem que podem servi-los e gostam de fazer isso, desde que exista amor nessa relação. Eles podem até sacrificar o próprio corpo em seu benefício, para vocês se alimentarem, e não se importam com isso, desde que haja permissão e amor. Poucos são os lugares no planeta que têm esse nível de compreensão – a de que os animais se oferecem a vocês por amor, alimentando o amor e não o pavor –, e quando ela existe, o sentido de troca se justifica. Mas muitos animais sofrem por causa da maneira como são tratados.

No entanto, do lugar onde estamos, entendemos que causar sofrimento aos animais não deixa de ser um reflexo da própria condição de vocês, uma vez que também foram tratados dessa forma. Tudo é um reflexo. Tudo é uma cadeia. O que vocês fazem com eles, vocês recebem de volta. Assim como outros seres causaram sofrimento aos homens e estão aqui presos, buscando se redimir por terem, muitas vezes, interferido na evolução da raça humana.

O que vocês podem falar sobre o nosso corpo? Ele é o mesmo aqui e do outro lado?

(por Eahhh)

Quando vocês baixam a vibração para ter uma experiência ou jornada em outra dimensão, precisam de um corpo para manifestar. Qualquer corpo. Pode ser uma pedra, uma planta, um inseto, um humano etc. Esse corpo tem uma construção moldada a partir da programação feita para ele. Ou seja, ele é o embrião perfeito para a sua experiência. Tudo tem um nível vibracional consciente.

Quando vocês tomam assento nesse corpo, passam, desde o início da manifestação, a criar uma identificação com ele. O véu ilusório, até então necessário, passa a existir pelos seus sentidos.

Os sentidos orientam vocês e, ao mesmo tempo, os traem quando começam a entender que sua existência se resume ao corpo formado.

No transcorrer da manifestação, o nível de identidade se fortalece a ponto de haver um reconhecimento único em termos de sensações e aparência. Isso se dá até o momento em que sua experiência/jornada se finda e seu campo de existência deixa o corpo. Muitos de vocês pensam que são o corpo e levam um tempo para redescobrir que ele era apenas um molde existencial.

Todos os corpos falecem, mas os seres que neles habitam, não. O corpo é um molde para os seres, e quando eles retornam para seus lares espaciais e dimensionais, despregam-se desses moldes e recobram sua forma natural.

Os seres do outro campo dimensional têm o poder de adaptar sua manifestação modelada ao sabor de um propósito. Portanto, quando determinados seres baixam sua vibração e visitam campos terrenos, eles podem modelar sua aparência de inúmeras formas simplesmente porque não são nenhuma delas.

É certo que, um dia, os entes queridos que se foram voltarão a se mostrar para vocês, da maneira que lhes for mais conveniente; mas saibam que a aparência deles não passará de um molde, não corresponderá àquilo que eles realmente são. Lembrem-se de que isso ocorre também com vocês. Seu corpo é um molde, não representa sua natureza energética maior.

6

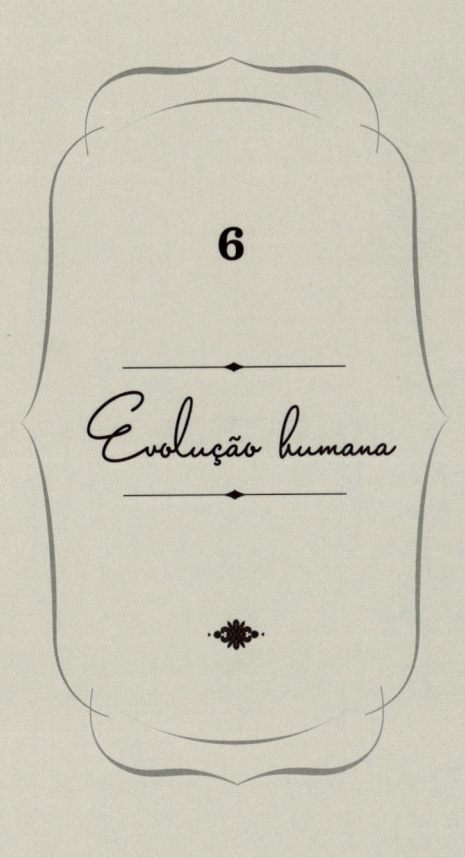

Evolução humana

Quem somos nós?

(por Stella)

Quem são vocês? São algo mais grandioso e belo do que possam imaginar. Neste momento em que manifestam sua existência, o mais importante é limpar. De que forma podem fazer isso? Por meio dos pensamentos, das emoções que vocês sentem, principalmente aquelas que estão acopladas em seu corpo. No momento em que limpam, vocês ascendem e despertam. Despertam para a sua essência e para tudo que representa a sua manifestação terrena. Todo trabalho evolutivo de vocês, neste plano e neste momento, permeia, apenas e simplesmente, o processo de soltar. Soltar aquilo que não é de vocês. Soltar aquilo que foi criado para vocês mas que, no fundo, não lhes pertence.

Esse é o único trabalho, essa é a única ação que desencadeia todo o seu processo em direção a vocês mesmos. Neste momento, a única coisa a fazer é se concentrar em dar o próximo passo na direção de si mesmos nesta existência.

É certo que sua vida e sua caminhada não se encerram nesta jornada. Elas são muitas. Vocês têm milhares de jornadas a cumprir ainda nesta existência e neste plano. Muito há para ser revelado. Por isso, não restrinjam sua evolução a uma manifestação corpórea apenas. Quando voltarem ao plano original, vocês prepararão outra experiência e avançarão nos experimentos programados, individuais e coletivos, da grande energia. Tudo está orquestrado e equilibradamente preparado para satisfazer as necessidades do coletivo.

Esse processo não será forçosamente acelerado pelo pensamento. Pode ser um engano acreditar apenas nessa vertente. A evolução e o despertar alinham-se com um processo levado a cabo pelo coração, não pela mente. A única coisa que entendemos que devam fazer é entregar-se completamente ao próximo passo na direção de si mesmos. E, certamente, zelamos para que esse passo seja bem dado, seja completo, a fim de que possam receber a sua própria programação da existência.

O destino de vocês está escrito e é uma matriz codificada, matematicamente calculada. Seu alinhamento com sua matriz torna tudo compreendido. Mesmo uma existência aparentemente sofrida, quando compreendida, torna-se uma bênção e não um sofrimento.

Isso vale para todas as pessoas da mesma forma?
(por Stella)

Totalmente.

Nós programamos as coisas e elas não acontecem. Por quê?
(por Stella)

Quando vêm habitar este plano, vocês sempre chegam com uma programação e um propósito: o de se autoexperimentarem. Muitas possibilidades de autoexperimentação lhes são oferecidas, e uma delas é a vibração, da qual vocês fazem parte. Existem universos sobrepostos e vibrações sobrepostas. Quando vocês vibram apenas na frequência em que estão, não se conectam e não percebem as outras vibrações e os outros espaços dimensionais. Em todos os espaços dimensionais existe a possibilidade do autoexperimento. O retorno de tudo o que é, do qual todos nós fazemos parte.

É por meio dessas outras vibrações e nesses outros espaços que vocês programam uma jornada. É algo semelhante a uma viagem de férias que vocês planejam realizar. Essa viagem tem propósito, tem roteiro; vocês decidem quando e como fazer, escolhem o destino e com quem querem viajar. Enfim, vocês optam pelas experiências que querem ter. Comparativamente, é isso que acontece quando vocês decidem se autoexperimentar em outra vibração

Esse foi o propósito de vocês estarem aqui: autoexperimentarem-se em outra vibração. Só que, ao fazerem isso, neste campo unificado, vocês experimentam uma vibração que os entrelaça energeticamente a vários outros experimentos.

É para isso que os acordos são feitos, para conciliar sua jornada entrelaçada com outras jornadas. O caminho já foi traçado por vocês, mas, tal como em sua viagem de férias vocês têm o livre-arbítrio para mudar o destino, aqui, vibrando, vocês também têm a possibilidade de fazer escolhas. Mas lembrem-se: mesmo podendo optar, a sua programação foi elaborada de uma forma absolutamente consciente, em que também se previam todas as suas escolhas e mudanças de rumo. Não obstante, nos experimentos deste campo unificado e nesta jornada vocês podem criar outros propósitos e resolver algumas outras coisas que surgiram das relações entrelaçadas com os outros experimentos.

Assim, vocês sentem a necessidade de repetir essas experiências retroativa e sucessivamente. No momento em que vocês vibram nesta frequência em que se encontram, o aspecto que mais se destaca é a sua fonte, algo que não veio com vocês, ficou em outro lugar. Alguns a chamam de ser superior, de ser maior; tem muitos nomes. Vocês não estão neste corpo por completo. Vocês são um aspecto de si mesmos, autoexperimentando-se.

Tudo pode mudar, mas o propósito programado para vocês, lembrem-se, foi feito por vocês mesmos em acordo com as outras experiências com as quais estavam entrelaçados.

O que vocês podem falar sobre os obsessores? Eles atrapalham ou ajudam em nossa evolução?

(por Eahhh)

Antes de vocês virem para cá, receberam uma programação. O que é uma programação? Fazendo uma analogia, é exatamente como um software que vocês adquirem para cumprir determinada função. Esse programa roda em seu computador graças a uma série de equações nas quais está baseado. Da mesma forma ocorre com vocês. Antes de baixarem sua vibração e se descolarem, vocês programaram, por meio de um entrelaçamento de equações, uma existência com um acervo de possibilidades. Dentro dessas possibilidades é que vocês podem exercer sua liberdade de escolha.

Portanto, seu livre-arbítrio encarnado é relativo, pois tudo é um número de possibilidades já programadas por vocês mesmos. Ter uma experiência nesta faixa vibracional não é tarefa fácil, pois existem regras para que o jogo funcione, e uma delas é o corte de seu estado de consciência, que desliga vocês de quem são em plenitude. O simples fato de nascer neste mundo já os desconecta automaticamente, colocando-os à prova todo o tempo. Esta faixa vibracional é muito baixa, e isso é o que muitos querem, pois é nela que ocorrem aprendizados, limpezas, saltos e purificações que, por vezes, não são possíveis de se realizar vibrando em outra faixa. Esta é uma das razões pelas quais vocês querem participar do jogo deste planeta. As possibilidades de salto, de ganho, de evolução são imensas.

Então, quem vocês imaginam que programou tudo o que está ocorrendo em sua vida hoje? Vocês mesmos!

Para que vocês participem desse jogo é necessário que existam forças opostas para dar fluxo e movimento a ele. Todas as forças provêm de uma fonte. Fazendo um paralelo, a luz é um eixo. Para que exista o jogo neste universo, alguns seres foram afastados da luz a fim de tornar possível o movimento. Portanto, seres da luz e das trevas são, na verdade, todos da luz. Compreendem isso?

Esses mesmos seres das trevas, para que possam existir e se manifestar, recebem, vamos assim dizer, uma força a mais para realizar seu trabalho. Caso contrário, eles seriam sugados facilmente pela luz e o jogo se encerraria. Eles sabem que nós precisamos que o jogo continue. Por isso, honrar os seres das trevas pelo trabalho que fazem é uma atitude nobre da parte de todos.

Vocês não vieram aqui para ser felizes ou tristes, para sofrer ou ter prazer; vocês vieram para experimentar e cumprir sua programação. E cada qual fez a própria programação. Portanto, parem de reclamar de sua vida, daquilo que ocorreu até o momento atual. Era para ser assim.

No entanto, vocês me perguntam sobre os obsessores. Obsessor é aquela energia que suga, que distorce e quer algum tipo de recompensa por algo. Se alguém carrega um obsessor, quem vocês acreditam que tenha dado permissão a essa energia para que se instalasse e trabalhasse? A própria pessoa que a carrega, está na programação dela. Não subestimem sua programação, pois saibam que vocês são perfeitos em tudo que programam para si mesmos do outro lado. Apenas concentrem-se em aprender o que precisam saber a esse respeito. Quando isso ocorre, vocês se movimentam para um próximo nível em sua programação.

O que lhes digo hoje não significa que vocês tenham de se tornar seres passivos que tudo aceitam. Se decidirem afastar um obsessor, façam isso, pois pode ser que já não precisem mais dele, e pode ser que também já esteja na hora de fazê-lo, segundo sua própria programação. Vou lhes dar a chave para a liberdade do agir dentro de sua programação: *aceitem seu passado até hoje, sintam seu coração e decidam-se a agir livremente, como quiserem.*

Se quiserem mudar tudo em sua vida, vocês podem; se preferirem nada mudar, vocês podem. E ambas as decisões podem estar em sua programação. É no presente que seu livre-arbítrio funciona, no emaranhado de possibilidades que vocês criaram. Isso é poder. Em seu jogo, está previsto não progredir, não avançar, aprender lições, purificar, dar saltos ou mesmo expandir-se. Por isso, trago-lhes hoje este entendimento sobre sua vida, mas lembrem-se de que apenas parte do que vocês são está aqui. Quando voltarem, vocês recobrarão toda a memória e entenderão.

O que ocorre nas desobsessões e por que as pessoas são atingidas por obsessores?

(por Eahhh)

De certa forma, eu já respondi a essa pergunta antes, num texto canalizado. No entanto, vou fazer alguns complementos.

No entendimento de vocês, há uma separação do bem e do mal; no nosso entendimento, não há. Nós respeitamos que vocês distingam pessoas do bem e do mal. Nós entendemos a sua condição, que é de muito medo, e daí vem a discriminação do mal. No entanto, da posição em que nos encontramos – e na qual vocês, outrora, também já se encontraram, embora não se lembrem –, nós enxergamos um pouco além, vamos dizer dessa forma. Nada acontece a um ser que não tenha sido permitido por ele próprio. Campos se atraem.

Como dito antes, alguns de vocês têm vícios e frequentemente baixam a própria energia, atraindo energias afins. Vocês as qualificam como mal, e elas não são. Essas energias têm qualidades e propriedades diferentes. Elas trazem ensinamentos e experiências diferentes, mesmo que acoplem em vocês e os suguem, de certa forma. Muitas vezes, essas experiências energéticas, que nem sempre são agradáveis, se estabelecem e vocês acabam se acostumando com sua existência, não conseguindo se livrar delas. Mas lembrem-se de que, ainda assim, são experiências que vocês precisavam ter.

Em algumas passagens da vida de vocês, o seu ser maior, ou seus amigos do outro lado, ou seus guias dizem: já chega! Não há mais necessidade de acoplamento de uma energia externa em seu corpo ou em seu campo, e é hora de retirá-la. Nesse momento, cumprimos o papel de removedores. Não todas as vezes, mas em boa parte delas, nós sugamos as energias. Fazemos uma sucção e as retiramos pelo cordão de vida de vocês, o que os une ao outro campo.

Vocês todos têm um cordão que une campos e sustenta sua presença. Esta é uma das formas de união, assim como o é a centelha afastada, uma luz viva que fica atrás da nuca de vocês e que também os mantêm completamente conectados. Quando esse cordão é rompido, ou o cabo de trás é fechado, vamos dizer, vocês deixam o corpo. Esses conectores estimulam seu corpo, e é exatamente por meio dessa incitação que nós fazemos as sucções e puxamos as energias para fora do corpo de vocês.

Para onde vão essas energias e esses seres? Para outras pessoas que deles precisam. Nós os mandamos para outros canais a fim de que continuem a fazer seu trabalho, já que, no ser em que estavam, naquela estrutura, sua ação não é mais necessária. É importante que entendam que as energias acopladas realizam trabalhos, e alguns seres humanos precisam disso porque não aprenderam que, ao baixar sua frequência energética, atraem frequências energéticas igualmente baixas. Tudo é aprendizado.

Quando somos autorizados a retirar as energias, fazemos as sucções e esperamos que vocês entendam por que as baixaram e aprendam a não mais fazê-lo, a não ser que queiram repetir essa experiência. E se vocês assim o quiserem, nós honramos e respeitamos sua decisão, pois essa é uma experiência que vocês precisarão ter. Não há nada de errado nisso.

Algumas pessoas recebem acoplamentos de energias a vida inteira. Era para ser assim e assim será. Está tudo certo. Elas não são fracas nem sofredoras, apesar de terem experiências que não são muito agradáveis. O fato é que essas pessoas precisaram de acoplamentos a vida inteira. São experiências delas e assim será feito o trabalho, com toda a honra e todo o respeito dentro do que foi determinado.

Por que vocês não falam tudo para as pessoas, em relação aos problemas que elas vivem?

(por Eahhh)

Na condição de consciência em que se encontram, muitas vezes vocês se colocam como eternos filhos, sempre pedindo a bênção para os pais. De certa forma, vocês são crianças sob toda e qualquer experiência e idade.

Não são muitos de vocês que têm uma condição, vamos dizer, de consciência adulta. Em seu estágio atual, tal como crianças, é natural que queiram todas as respostas. Mas vamos parar para analisar sob uma perspectiva mais ampla. Qual o sentido de vocês estarem aqui? Para obterem as respostas e tornar a sua vida fácil? Este é um pensamento infantil, de uma criança que quer as coisas prontas, entregues pelos pais.

É hora de vocês se colocarem de pé e assumirem a responsabilidade de estar aqui, enfrentando toda e qualquer situação. É hora de confiar na sua presença, na sua existência. É hora de ampliar a sua consciência para algo maior, entendendo que a condição tridimensional é apenas um aspecto circunstancial da sua vida.

Ressalto que isso não passa, necessariamente, por quem e o que vocês são. Refiro-me a sair do estágio infantil em que a coletividade e a humanidade, de certa forma, se encontram. A humanidade é uma criança neste lugar, neste planeta, neste tempo, não importa a idade. Sendo assim, por que, então, nós daríamos as respostas?

Se fizéssemos isso, tiraríamos de vocês a condição de descoberta e de aprendizado, os privaríamos de algo absoluto em sua existência, chamado poder.

Poder para poderem sustentar o que quer que vocês tenham programado para si mesmos, e para entender que, dentro de sua própria programação, vocês têm múltiplas escolhas e possibilidades de caminhos. São inúmeras as realidades que podem fazer parte da sua jornada. Toda vez que vocês tomam uma decisão, estão seguindo um rumo que já foi traçado, mas gravem bem: vocês planejaram muitos rumos para a sua vida. Tudo o que vocês vivenciaram até agora corresponde a uma forma de viver que já estava planejada.

Vocês poderiam ter vivido coisas diferentes? Poderiam, se tivessem tomado decisões diferentes. Vocês não podem reverter sua condição atual de experimento, mas podem mudá-la daqui para a frente; vocês têm múltiplas possibilidades de escolha sobre absolutamente tudo em sua vida.

Vocês podem perguntar se, de certa forma, estão presos a todas essas possibilidades. Eu respondo que sim, estão, mas que dentro da sua prisão de possibilidades vocês têm liberdade para traçar seu caminho e até para dar saltos na sua experiência.

Esses saltos na sua experiência, porém, precisam de uma consciência elevada e de uma capacidade de ruptura. Isso só vem com a manifestação completa do seu poder. E o que é o seu poder? É vocês assumirem a responsabilidade sobre cada escolha que fazem. Diante disso, mais uma vez eu pergunto: por que, então, nós daríamos as respostas para vocês?

Ainda assim há um ponto a saber: algumas respostas são permitidas. Em que circunstância? Quando não há interferência na sua experiência. O seu campo de energia permite que vocês saibam, que recebam, vamos dizer, dentro do seu entendimento, uma pista para uma decisão ou para uma mudança. Nesses casos, nós falamos; e qual é, normalmente, o nosso papel? Trazer o seu poder de volta. Fazermos vocês olharem para si mesmos e descobrirem a capacidade que têm de assumir a própria vida.

Então, quando nós falamos ou aconselhamos, é porque nos foi permitido, é porque lhes é útil e não há interferência, é uma pista para trazer o seu poder de volta. Se nós estivéssemos na condição de experiência em que vocês estão, certamente também ficaríamos felizes com o fato de ninguém tirar de nós a experiência da descoberta dentro da experiência que nós escolhemos. É isso que torna a vida magnífica na condição tridimensional em que vocês se encontram.

Constantemente nos é dito que o nível de luz do planeta está aumentando e que, por esse motivo, as pessoas estão morrendo mais cedo. Como entender isso se a violência e o mal estão cada vez mais presentes no dia a dia?
(por Jheremias)

Em todo período de fim de ciclo há uma intensificação, como se fosse a sua lei da inércia, como se fosse um grande potencializador. E vocês estão sob a influência desse grande potencializador, relacionado ao movimento de 10 mil anos.

Esse potencializador de escuridão tende a fazer com que as pessoas fiquem repetindo aquilo que foi a manifestação dos 10 mil últimos anos. Algumas pessoas ficaram condicionadas, nesses anos de escuridão, a viver dentro da polaridade negativa e no desequilíbrio, no modo de entender do jogo. Nesse sentido, nós podemos constatar que algumas pessoas se tornaram viciadas na escuridão, viciadas na dor e no sofrimento, não entendendo que existe uma forma diferente de viver.

Isso, de todo, não está errado, porque houve um condicionamento planetário de 10 mil anos. Então é natural que, após várias vidas, vocês entendam que o sofrimento seja a única maneira de viver. Quando a luz fotônica penetra todos os corpos e matérias, na faixa em que vocês estão, ela expulsa tudo o que não condiz com a sua verdade, com aquilo que vocês são. Essa expulsão se dá pela manifestação de inúmeras dores e doenças.

As doenças são a expulsão das energias negativas que ora estão manifestadas e corporificadas em vocês – densificadas, seria a melhor forma de dizer. E no momento em que a luz fotônica entra, o nível de loucura, de doença, de dor, de desespero, de falta de rumo que as pessoas sentem, tende a aumentar. Esta é a hora de vocês ajudarem uns aos outros. Esta é a hora verdadeira da compreensão, de entender o porquê das coisas que estão acontecendo. Esse é o papel de vocês também, além do nosso: dar apoio e sustentação emocional e psicológica para as pessoas; orientá-las para que elas possam se curar. Esta casa [Aletheia] é um dos instrumentos de cura para as pessoas, nos níveis físico, emocional e psíquico. E a tendência é de que os seres humanos enlouqueçam porque não conseguem sustentar a verdade e a luz; alguns não vão suportar a quantidade de luz e decidirão, por assim dizer, deixar a vida.

Não há nada de mal em alguém querer abandonar a própria vida. Classificar isso como errado é um equívoco da parte de vocês. Fazer julgamento sobre a determinação de uma pessoa em querer voltar ao plano original é uma ação inócua. A decisão de regressar é dela, e ela será respeitada porque é divina. Não há nada de errado em uma pessoa querer voltar por conta própria. É direito dela. Vocês não devem interferir nas decisões alheias quanto a querer partir.

Se as pessoas, porventura, não completarem aquilo que foi programado para elas – lembrando que elas mesmas fizeram a programação –, acabarão por querer refazer a programação e voltarão para repetir tudo. Não vai haver, do ponto de vista de vocês, um Deus punitivo castigando aqueles que resolveram voltar ao seu plano original. Essa é uma manipulação que vocês vivem, dentro de um ideal falso de vida.

Vocês optaram por vir e podem escolher a hora de ir embora, mas lembrem-se de que têm uma programação. Entendo que seria bem interessante respeitar a programação e deixar que a ordem dada por vocês mesmos se cumpra. Ainda assim, porém, a escolha é sua.

Muitas pessoas estão aqui sustentando apenas o campo fotônico, e, quando este se instalar, várias delas, decididamente, não vão querer ficar neste plano. Elas vieram de alguma forma para cá, por causa de algum suplício. Às vezes, são seres maiores que não querem estar aqui, que não gostam deste tipo de faixa vibracional, não se sentem bem em um corpo denso como o de vocês. São seres que estão esperando um pouco mais de tempo para que possam partir. Estamos chamando de pessoas, mas são consciências, também dentro de um corpo.

Saibam que isso vai se intensificar no futuro. Muitas mortes coletivas vão ocorrer nos próximos tempos, como um nível de reequilíbrio do planeta. A estrutura à qual vocês chegaram, a forma como estão, precisa de um equilíbrio. Ela está inteiramente desequilibrada em todos os aspectos. Isso também faz parte dos planos divinos. As coisas vão mudar neste mundo. Não porque estavam necessariamente ruins na interpretação de vocês, mas porque faz parte do novo ciclo. Por isso é muito importante que vocês comecem a abolir de vez o julgamento que fazem das coisas e das outras pessoas.

Temos cidades cada vez mais violentas. Como se muda isso no mundo?

(por Jheremias)

O declínio precede a ascensão. Onde há luz, há sombra. Vocês ainda vão passar um tempo em deterioração, imersos nesse quadro de violência em que se encontram. Isso faz parte de um aspecto da humanidade que precisa ser depurado.

A depuração da coletividade acontece por meio da purificação do indivíduo, na esfera da individualidade. Tudo é uma coisa só. Se observarem a violência, concluirão que ela também faz parte da vida de vocês, em maior ou menor grau, de forma mais evidente ou de maneira mais sutil. Mas a violência é a mesma.

O que é essa violência? É aquilo que afeta e dificulta a vida das pessoas. É quando vocês acreditam que podem interferir na existência alheia e tirar a vida de seus semelhantes. É suprimir a oportunidade do outro, romper com o estabelecido. Isso é violência. E isso vai acontecer num grau maior ainda.

Por qual razão? Muito simples: é um expurgo. Uma limpeza em todo o planeta. Se não houver esse expurgo planetário, como vocês podem dar o próximo passo dentro de tudo o que foi planejado? Até o expurgo foi planejado.

O sistema do mundo tem um propósito de existir atualmente, e tem um propósito para deixar de existir. Vocês estão nessa transição de sistemas, mas devem se lembrar de uma coisa muito importante: no mundo de vocês, existem muitas realidades, existe violência, mas não em todo o mundo e não em todas as partes. Há muitos lugares de amor e de paz. Lugares de ascensão e de declínio.

As contradições fazem parte do seu sistema, fazem parte do movimento de mudança do mundo. A mudança não é uniforme porque as reações provenientes da diversidade, mesmo vindas da unidade, não são uniformes. A unidade é uniforme, mas a pluralidade do descolamento da unidade não é. E por que não é uniforme? Porque é a desuniformidade que dá o exato equilíbrio à uniformidade e cria as experiências para que vocês possam vivê-las nos vários níveis e âmbitos de sua ordem psíquica. Tudo acontece no universo psíquico e mental.

Tudo está no seu campo mental. Há subformas e matéria revelando-se subliminarmente e vibrando em todo o mundo. E como fazer para que vocês possam lidar com esse campo de violência e saber se se afinam com isso ou não? Se a cidade em que vocês se encontram se torna mais violenta e vocês vivem nela, é porque vibram nela. Vocês têm duas razões básicas para habitá-la: podem vibrar para que tenham uma ressonância de aprendizagem ou podem vibrar para que criem uma ressonância de mudança, desde que entendam qual é o seu papel e tenham escolhido estar, viver e se manter no nível de campo de energia dessa cidade.

Onde vocês podem atuar para que consigam lidar com os movimentos energéticos, sejam eles da violência ou não? No seu campo mental, nos seus pensamentos, mas é algo sob o qual normalmente vocês não têm controle porque existe a fraqueza. A mente, de uma forma coletiva, ainda é fraca. Enquanto não se reconhecer a fraqueza da mente, não vai haver a intenção de conexão, a força do pensar.

O estrito alinhamento com o pensar é que lhes dá a condição de vibrar em um campo e conduzir a matéria vibrante desse campo para um nível tridimensional. Mas isso acontece no coletivo. Que força vocês têm, individualmente, para que possam influenciar o coletivo? Toda, por mais que se sintam fracos e impotentes. Vocês ainda fazem parte de um emaranhado do coletivo, e é a força desse emaranhado que lhes dá a perspectiva de que a mudança pessoal, o alinhamento e o fortalecimento de sua mente criam condições para que vocês influenciem o universo, por mais que se imaginem pequenos, o que realmente não são. Isto é a força.

Portanto, o seu discernimento do que é positivo ou negativo vai definir o que acontecerá no mundo. Mais sombra, mais luz. E qual o seu papel? O seu papel é escolher. E sua escolha vai ser respeitada. Para nós, não existe o certo nem o errado, só existe a sua escolha. E ela sempre será respeitada, assim como tudo o que ocorre neste mundo. No escopo do seu entendimento de certo ou errado, bom ou ruim, absolutamente tudo é respeitado.

Nos grandes centros há um desequilíbrio na distribuição de riqueza, há concentração de moradias, de carros e de pessoas; vivemos um consumo desenfreado de recursos naturais e bens industriais. De certa forma, contribuímos em nosso trabalho diário para alimentar esse desequilíbrio. Como equilibrar, então, nosso desenvolvimento humano e espiritual nos dias de hoje?
(por Joehl)

O mundo em que vivem vai entrar em colapso, que se dará em todos os níveis. Esta estrutura não se sustenta mais. Ela segue um ciclo autodestrutivo.

Portanto, é importante que percebam que os colapsos vão acontecer de forma mais intensa e acreditamos que eles durem entre cinquenta e duzentos anos, na escala de tempo de vocês. Mas onde há colapsos já existe um universo paralelo em andamento, e é importante que se preste atenção a isso. Vocês estão se tornando uma aldeia global, estão criando comunicações em todos os níveis. Vocês terão avanços incomparáveis na ciência como um todo, especialmente na genética e na medicina. Muitas doenças serão eliminadas nos próximos tempos. Soluções novas para as cidades já estão surgindo e sendo implementadas. Novas formas de comunicação, novas formas de movimentação e de transporte já estão sendo pensadas no planeta. Tudo isso está ocorrendo em paralelo ao colapso; já se manifesta no campo de energia do planeta. O colapso não acontece sem que haja um universo paralelo; ambos se movem no mesmo ritmo e simultaneamente.

O começo da mudança se dá pelo profundo questionamento do que representa a forma que vocês têm de fazer as coisas. O sistema por meio do qual se educam já é uma prisão, além de uma absoluta limitação. Vocês abolirão os métodos atuais de ensino, até porque eles são um adestramento da raça humana. Este é o início de uma nova forma de aprender. Vocês não precisam, necessariamente, que alguém venha lhes ensinar. O que vocês precisam é de campos de conhecimento. Os professores serão criadores de campos de descobertas e facilitadores de conexões. Os seres apenas precisam experimentar para descobrir. Uma vez que essa conexão de aprendizagem seja estabelecida, muitos de vocês descobrirão como se alinhar frequencialmente com os campos de conhecimento que estão disponíveis para o planeta. Uma vez que consigam acessar esses campos, vocês simplesmente imprimirão em seus registros o conhecimento neles contido e passarão a usá-lo em sua existência.

Pode parecer inverossímil para vocês a ideia de acessar conhecimentos em áreas energéticas sutis do planeta sem precisar estudar por longos anos, mas lhes afirmo que sim, isso é possível. No entanto, gravem bem: tudo é permitido somente se houver merecimento e destino acordado.

Vocês também encontrarão, nos próximos tempos, outras formas de se comunicar com outras pessoas, com outros seres, em linguagens que talvez nunca tenham imaginado, assim como está acontecendo neste momento conosco. Existem muitos seres vivos querendo que vocês conversem com eles, pois eles se comunicam com vocês. Considerem insetos, plantas, animais e até mesmo seres élficos.

Não são tantos assim que se comunicam com vocês hoje; no entanto, eu estou aqui com vocês e para vocês. Esse nível de comunicação se dará, inclusive, em aspectos espirituais. Todos nós estamos vibrando em múltiplos níveis, assim como vocês; ainda que vivam nesta faixa, vocês também vibram em outros níveis. Vocês podem se comunicar comigo e com todos aqui. Todos estamos disponíveis para isso, mas vocês precisam estar no seu centro.

Eu vou ensiná-los a se manter centrados e, assim, poderem se comunicar com seres em outros níveis:

> Estendam as mãos na linha do horizonte, na direção do seu plexo solar. Todos vocês têm uma estrutura óssea que termina em um ponto. Ao final desse ponto, um pouco acima, é onde vocês mantêm a sua mão direita, reta, na linha do plano da Terra. A outra mão vem por cima. Mentalize um túnel de luz descendo do alto e batendo no centro das suas mãos sobrepostas; à medida que ele baixa ao seu centro de luz, vocês o fecham no corpo. Nesse momento, vocês criam um pilar de luz, desde o céu até a terra, e assim conseguem trazer seu eixo de volta e encontrar a centralidade.

Sempre que vocês precisarem se reequilibrar, principalmente quando receberem muita luz em seu corpo, façam esse exercício. Já não há como a escuridão penetrar, o planeta está fechado; não entra mais nada, absolutamente nada que não seja luz. E quando um excesso de luz os invadir e vocês se sentirem muito desequilibrados, muito acelerados – e é normal que isso ocorra, por causa da quantidade de luz –, façam esse movimento e tragam de volta o seu alinhamento, o seu centro, o seu estado de ser, o cordão que os une com esta existência. Neste momento, toda vez que me chamarem estarei pronto para dar sustentação e abrir esse cordão de luz para vocês.

Como saber identificar, nas experiências pelas quais passamos, o que é opção do nosso ser superior e o que não é?

(por Joehl)

Há momentos em que vocês pensam demais. Não é no pensar que vocês vão conseguir as respostas que querem; não neste nível. Essa habilidade se dá em outro nível. Vocês estão aprendendo a fazer isso, muitos de vocês, e vão ficar cada vez melhores, tornando-se mestres e doutores em conseguir sentir quem são, saber qual o seu papel e conhecer o próximo passo a ser dado em sua vida; mas, para tanto, é necessário diminuir o volume de pensamentos que vocês têm. Os pensamentos confundem vocês. Então, o melhor que têm a fazer é encontrar o silêncio. O efetivo silêncio leva ao espaço, e o espaço é o portal da sua conexão.

Como saber se estamos tomando as decisões corretas?
(por Joehl)

Muitos de vocês têm medo de tomar decisões erradas. Isso faz parte do seu caminho, mas levem a mão sempre ao centro, como eu ensinei, e então vão conseguir perceber o que ressoa em vocês.

Como saber qual é o nosso propósito na vida?
(por Joehl)

O seu propósito é uma semente, e essa semente está dentro de vocês, dentro do seu coração, das suas células, na sua respiração, na sua beleza. Ela está contida no seu amor, na sua bondade, na sua fraternidade; ela está no seu bom senso e em seu sentido de justiça. Essa semente está dentro de todo aspecto manifestado em prol do próximo, de vocês mesmos, da natureza e da humanidade.

Todas as vezes que deixam essa semente se manifestar em suas ações, vocês estão cultivando o entendimento da própria consciência que têm acerca do seu propósito de vida. O propósito de vida não é entendido de fato, é revelado. E é revelado quando vocês semeiam o amor, a beleza, a bondade, a verdade do seu ser para consigo mesmos e para com seus irmãos, porque todos vocês são apenas um, não existe diferença entre vocês, ninguém é menos ou mais, melhor ou pior. Todos, dentro da sua particular individualidade, fazem parte de um único coletivo.

Nos próximos tempos, todas as vezes que vocês se recordarem dessa semente e permitirem que ela seja espalhada ao longo do seu caminho, vocês vão cultivar a necessária compreensão que precisam ter sobre o propósito da sua existência e, mais que isso, o propósito da humanidade.

Vocês contribuem para o todo, e quando conseguirem perceber isso a alegria vai brotar no seu viver e no seu manifestar, bem como no viver e manifestar das outras pessoas. Não há nada mais belo do que nos sentirmos alegres pelos outros, em poder vê-los felizes, caminhando, passando por suas provações com a mais alta dignidade. O importante é que vocês respeitem a dignidade das pessoas. Seja pelos outros, seja por vocês, a verdade é revelada da maneira mais simples, sutil e singela que se possa imaginar.

Como desenvolver as habilidades que sentimos possuir e que podem contribuir para um bem maior?

(por Joehl)

Tudo que tiver de se manifestar vai se manifestar. Vocês só não devem se preocupar com isso. Trabalhar em prol do seu desenvolvimento e limpar aquilo que vocês não são já é uma tarefa e tanto.

Por que, às vezes, parece que nos tornamos muito desarmonizados?

(por Joehl)

O desequilíbrio é uma condição para trazer vocês de volta ao seu centro. Se vocês conseguem perceber o seu desequilíbrio como um campo informacional, não há por que se preocupar com ele, nem se julgarem e se condenarem tanto por estar nele. Lembrem-se disso.

Como nos mantemos conectados no amor?

(por Joehl)

O amor é uma energia que vocês conhecem muito pouco. Sua compreensão do amor é devocional, relacionada a uma grande ausência ou carência de complementaridade. Enquanto existir a necessidade de se buscar a complementaridade vocês não compreenderão o amor na sua maior expressão. Mas o que eu posso lhes dizer é que ele passa pelo silêncio, pelo espaço que existe entre vocês e si mesmos, entre vocês e os outros, e pelo espaço que existe entre o outros e eles mesmos. A tríade desses espaços é uma conexão direta com a energia vigorosa do amor, cuja essência vocês não entendem.

O que vocês podem dizer sobre as religiões? Qual é a real necessidade delas?

(por Joehl)

É importante vocês entenderem que as religiões tiveram um papel relevante nesta jornada, nestes tempos e nestes anos que por aqui estiveram. A memória da humanidade de vocês alcança os últimos 15 mil anos; a sua história é recente. Outras civilizações e outras humanidades existiram antes, com outros nomes, outros rituais, outras divindades. Os ciclos se repetem, mas, ao final de cada ciclo, é importante entender que o papel desses rituais foi criar um campo de interposição e de separação entre o ser humano e o divino, o outro lado.

Vocês vão perceber que, nesses próximos anos, as religiões não serão mais necessárias para grande parte da população, ao menos da maneira como elas existem. À medida que as pessoas forem descobrindo isso – que é exatamente o contato delas com o divino –, não vão mais acreditar nas verdades e nas histórias que foram contadas tempos atrás. Muitas dessas histórias foram criadas por vocês mesmos, não vieram do lado de cá. Várias delas foram alteradas e inúmeros fatos, adulterados; houve também alguns hologramas nessa história toda.

Nos próximos tempos vocês vão aprender muito sobre o plasma, sobre os hologramas e sobre como muitas das nossas manifestações para vocês são feitas de forma holográfica. Vocês vão conhecer e aprender a fazer esses hologramas de uma forma mais consistente, em que as imagens de vocês vão aparecer com quase total nitidez em outras partes do mundo.

Existem muitos jogos no outro lado. Os dramas pelos quais vocês passam no nível de baixo se repetem no nível de cima; as brigas que vocês têm embaixo também são travadas em cima ou dentro.

Quando Jesus veio para este plano a fim de trazer as bases e a semeadura da luz do Cristo – a luz crística –, junto com ele chegaram todas as forças contrárias ao seu trabalho, e algumas das igrejas às quais vocês se referem são instituições orientadas por essas forças.

Entendam, sobretudo, que essas igrejas foram úteis e têm sido úteis, mas não serão mais; seu tempo chegou ao fim. Elas irão se deteriorar gradativamente, e dentro delas mesmas surgirão os embriões de sua transformação.

Qual é o sentido espiritual em se ter filhos? Eles são necessários para a nossa evolução?
(por Joehl)

Ter filhos é uma experiência de muitos propósitos, mas há um que eu aprecio mais: é uma evidência e um exercício de desapego, pois vocês recebem algo que, no fundo, não é seu. Além de ser um fator de desprendimento da própria existência, os filhos são fonte do constante aprendizado de que as coisas não são suas, mas estão conectadas a vocês, assim como vocês estão ligados a tudo e a todos.

Então, a paternidade (ou maternidade) representa um grande exercício de compreensão mútua, pois, assim como vocês são filhos de seus pais, é importante que vivam a experiência de ser pais de seus filhos, embora nem sempre precisem passar por isso. Essa condição entra ou não na sua programação antes de vocês virem para o plano. Muitos seres se programam para não ter essa experiência e nunca conhecerão filhos; outros precisam vivenciá-la.

Como podemos ativar a comunicação consciente com nossos guias (anjos)?

(por Joehl)

Estabelecer uma comunicação consciente com seus guias, ou como queiram chamá-los, é muito mais simples do que possam imaginar. O preceito básico para que se possa abrir esse canal é vocês acreditarem. No fundo, as pessoas não acham que são capazes, ou mesmos merecedoras, de realizar tal coisa. É certo que dizem acreditar, mas, de fato, não creem. O que ocorre com muitos de vocês é se assustarem e se retraírem na primeira oportunidade em que veem ou percebem alguma coisa realmente diferente daquilo que esperavam, ou algo significativo. E qualquer mínima retração fecha os poros dimensionais que se comunicam.

A comunicação com outros níveis é um movimento muito sutil do acreditar. Grande parte das pessoas não acredita e, se não acredita, não vê ou não sente, não enxerga, não se comunica, não sintoniza.

Todos os seres e inteligências estão disponíveis para vocês da maneira mais afetiva e amorosa que possam imaginar. Todos compreendem vocês dentro de uma estrutura muito mais complexa do que possam imaginar. Em todas as faixas há amor e compaixão no sentido mais amplo que vocês possam imaginar.

Quando vocês se abrem para a comunicação, o campo à sua volta já está se comunicando com vocês, automaticamente. O que precisam fazer é entender que sua estrutura não é a mesma da do outro lado, por assim dizer. Quando vocês se abrem e algum ser quer se comunicar com vocês, entendam que ele vai inserir formas de pensamento em sua estrutura mental. Vocês devem saber identificar o que é pensamento seu e o que não é.

Muitas vezes, enviamos pacotes evolutivos e os implantamos na mente das pessoas. É como se deixássemos sementes que, em algum momento, florescerão. Muitas vezes, esses pacotes chegam pela dimensão do som em forma de um ruído metálico nas laterais da cabeça. Os lugares mais comuns são um pouco acima e atrás das orelhas. Essa informação, quando recebida, fica armazenada ou incubada por determinado tempo até que chegue a hora de ela se incorporar ao ser humano. Quase todos vocês recebem esse tipo de informação de trabalho; ela é de completa utilidade e totalmente direcionada à pessoa que a recebeu.

Algumas pessoas recebem doses maiores de informação com propósitos distintos, mas nada que não tenha sido acordado antes. Por isso, prestem atenção aos sons que chegam até vocês. O som é um dos nossos sistemas de comunicação.

Mesmo nas adversidades físicas e emocionais, existe uma forma de saber se estamos cumprindo a nossa missão?
(por Joehl)

A missão de vocês, de uma maneira geral, sempre é cumprida. Não há por que se preocupar. Vocês gastam tempo com isso de forma desnecessária, mas nós compreendemos. As vidas que vocês têm e as repetições que fazem, mesmo que possam replicá-las dez, oitenta, duzentas vezes, são muito pouco significativas no fluxo cósmico maior. O aprendizado é muito mais cumulativo. E entendam, também, que não representa um problema quando vocês voltam para trabalhar exatamente as mesmas questões. Essa situação passa a ser um problema quando vocês estão aqui e têm a sensação de ter jogado fora a sua experiência, sendo obrigados a viver tudo de novo.

Se necessário for, vocês vão voltar e vão ter de viver tudo de novo. Entendam que o seu regresso não representa um problema porque a existência de vocês é como um bater de palma, na percepção do outro lado. Vocês podem viver oitenta ou cem anos do seu tempo, e isso, para nós, de onde estamos, é uma "palma".

O ser humano foi desenvolvido apenas para compor as pedras do jogo que os pleiadianos estavam criando para o planeta Terra? Ou eles têm outros objetivos?

(por Eahhh)

Muitas coisas aconteceram em relação à formação da humanidade. Assim como a Terra, muitos outros planetas são também experimentais. Este é um planeta experimental onde existe a liberdade para que se possam fazer diversos experimentos genéticos.

Os pleiadianos não foram os responsáveis pela construção da máquina humana. Talvez os humanos sejam, no momento, uma das raças mais frágeis do planeta, se comparada a outras espécies. A raça humana existe muito antes dos experimentos pleiadianos e foi concebida no cosmos.

No entanto, os experimentos que foram feitos neste planeta criaram uma relação de vínculo e de dívida, uma vez que os pleiadianos que aqui trabalharam precisaram, de certa forma, corrigir a experiência genética que foi feita nos homens. Portanto, não foram os pleiadianos que criaram a raça humana, mas eles precisaram, em uma visão maior, passar por uma experiência.

Pela experiência relacional que tiveram, os pleiadianos descobriram que teriam de desenvolver a raça humana para poder se desvincular da experiência. O grupo percebeu a falta de um nível maior de entendimento das leis cósmicas dentro dos parâmetros de consciência nos quais vocês se encontravam. Não vejam isso como um mal, não vejam isso como errado; vejam apenas como uma experiência que eles precisavam realizar. Muitos dos dramas pelos quais vocês têm passado nos últimos milhares de anos vêm exatamente da experiência com os pleiadianos. No entanto, é importante entender que, como a Terra é um planeta experimental, muitos outros experimentos são feitos por meio da raça humana. Então, a raça humana não é, necessariamente, um experimento somente dos pleiadianos.

Muitos outros seres vêm para cá. Eles chegam de Procyon, de Vela, de Andrômeda, de Sirius, de Órion e de Antares, entre outras denominações que aqui vocês não vão reconhecer. Cito esses nomes apesar de não ser exatamente o que os identifica dentro de uma consciência cósmica, pois os nomes são distintos e alguns, inomináveis. Cada plano acolhe uma experiência coletiva que passa a ser, por assim dizer, uma experiência única.

7

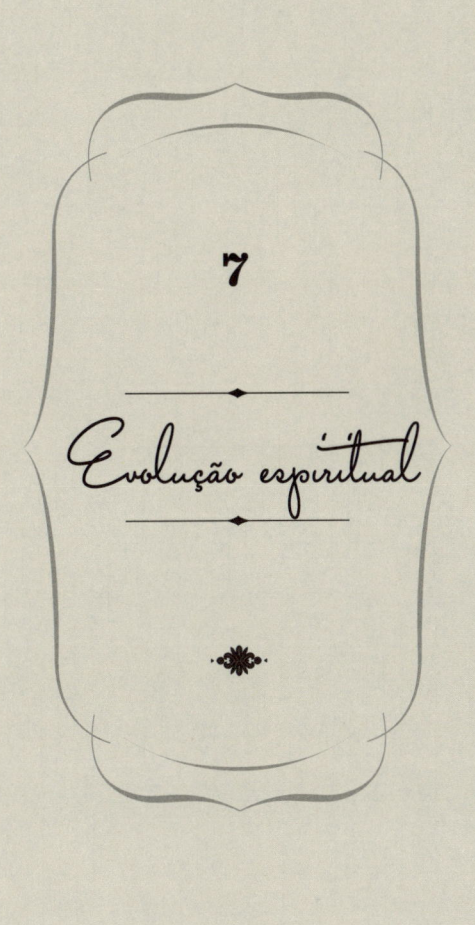

Evolução espiritual

Nós seremos seres multidimensionais em breve, mas em qual escala de tempo – a nossa ou a sua? Isso alcança a geração que está aqui na Terra hoje?

(por Jheremias)

O "breve" está dentro do seu plano, e isso já demonstra sua consciência ao considerá-lo no seu plano. Pensar assim abre portas para outras dimensões, quando vocês começam a perceber que fazem parte de uma dimensão.

No entanto, vocês não são a dimensão. Vocês não são o seu corpo, não são o seu pensamento. Tudo o que vem e tudo o que vai não é vocês. O que vocês são não vem e não vai, simplesmente é. O que é – isso é o que vocês são. Vocês são tudo o que não vem e o que não vai. Sendo assim, a partir do momento em que vocês começam a se conectar com tudo que os constitui, conseguem compreender que, no fundo, são seres multidimensionais, e podem, então, perceber suas manifestações em vários planos.

Portanto, não se preocupem com a brevidade. Ocupem-se em se conectar com a sua consciência. Ela é tudo o que vocês são. Vocês não são os seus sentimentos nem seus pensamentos, assim como não lhes pertence seu plano, sua vida ou as coisas que vêm. Essas energias apenas vibram nesta dimensão. Lembrem-se de que vocês estão vibrando também nesta dimensão, mas não se encontram somente nela. Portanto, vocês já são seres multidimensionais, só não têm essa consciência.

Também é importante vocês perceberem que o oposto é apenas uma percepção. Não é o que aparenta ser. No plano em que nós nos encontramos tudo ocorre na mais absoluta perfeição. Vocês precisam entender uma única diferença: o que vocês observam e quem são de fato não são a mesma coisa.

A realidade foi criada neste e em outros planos de vibração, como um espelho de vocês mesmos. Tudo ocorre na mais absoluta perfeição. Se existe a necessidade da manifestação da polaridade, e se os dois campos não receberem muito suporte, muito apoio, não se cria manifestação da vibração neste campo dimensional. Se a vibração não ocorre, não se abre a oportunidade para a experiência. Então, entendam que há várias faixas dimensionais com propósitos específicos; tudo isso dentro de um grande jogo entabulado no tempo e no espaço. E por ele ser aberto, vocês atuam nesse jogo – cuja instauração foi permitida em um dos campos deste mundo – como um aspecto vivo manifestante do universo.

Já houve outras civilizações cósmicas ou presenças em outros tempos da Terra?
(por Eahhh)

Foi permitido que houvesse presenças, experiências das mais diferentes, das quais vocês não se recordam. Saibam que a história deste planeta é muito antiga e que vocês são partícipes dela. Muitos povos já estiveram aqui, muitos eventos já aconteceram aqui há muito tempo, bem antes do que vocês possam imaginar. Até mesmo dentro dos registros universais, muitas civilizações já surgiram, e em todas essas manifestações ocorreram ciclos dentro do plano dos mentores primordiais deste jogo. Esses ciclos se fecham e muitos grupos de energia vão embora. Mas este é um momento em que nós estamos regulando o jogo no qual vocês vivem. Estamos fazendo ajustes e dando um novo rumo para ele. Isso também já fazia parte dos planos para estes tempos.

O sistema de controle de medo foi um implante muito poderoso, e o que vai acontecer nos próximos tempos é o fim desse movimento. Isso está determinado e vai mudar. Mas, ainda assim, o jogo vai continuar nesta vibração.

Muitos de vocês vão querer continuar jogando, e o jogo vai ficar cada vez mais agradável, mais interessante em termos do que é felicidade sob a óptica de vocês, apesar de ela não ser, de forma geral, uma óptica completa. Mas o jogo se tornará bem mais interessante e agradável com todas as experiências que, naturalmente, ele proporciona.

Porém, a partir deste momento, muitos de vocês deixarão de jogar aqui. Muitos estarão livres da ronda à qual estiveram presos neste plano, por coisas que, necessariamente, foram feitas por vocês. Mas não se sintam culpados por isso; era necessário. Tudo estava delineado. E o momento de liberdade vai acontecer, já está acontecendo. Muitas pessoas que estão deixando este plano não mais regressarão. Elas estão partindo para outros planos, para outras experiências, concluindo suas etapas neste jogo, assim como outros seres curiosos estão ávidos para vir para este jogo e experimentá-lo nesta nova etapa.

Muitos dos nossos irmãos galácticos, que não estiveram presentes neste plano, agora estão.

———◆———

O que podemos fazer para evoluir mais rapidamente? Haveria livros disponíveis para nós, para podermos ler a respeito?
(por Eahhh)

Entendam o seguinte: vocês não têm de se preocupar com nada. Cada qual está fazendo a sua jornada, ou seja, já está nela. Vocês não estão pisando em terreno desconhecido.

Nós vamos apontar caminhos, oferecer instrumentos para vocês se limparem, para se tornarem mais leves. Nós vamos disponibilizar chaves para todos vocês, mas não vamos fornecer outros informes nem trazer ações para cá, senão vamos nos tornar uma igreja, e não queremos assumir esse papel.

Não se preocupem em ler, entender de ciência, achar que devem saber um monte de coisas. A disposição do conhecimento é um exercício de vocação e vem da alma. Seu objeto de estudo já está alinhado com sua alma. Esta é a razão pela qual alguns aprendem mais rápido. Um fator para isso é o alinhamento de campo de alma, mas outra coisa importante a se entender é a natureza humana. Vocês vão compreender os problemas da humanidade e como eles surgiram.

Cada livro que chega às suas mãos tem uma mensagem, por mais concisa que seja.

A melhor forma de vocês aproveitarem a leitura de um livro é permitir que seu fluxo central cardíaco receba os dados nele contidos. Há mais neurônios na região cardíaca do que na cabeça. O coração tem uma forma distinta de assimilação e pode reter e processar informações que terão utilidade futura.

Qual o caminho para a evolução espiritual?
(por Joehl)

O caminho da evolução espiritual é bem simples. Ele se dá à medida que vocês começam a fazer um processo de limpeza de si mesmos, livrando-se de uma série de crenças que vocês próprios criaram. Feito isso, vocês começam a sair do sistema de controle deste mundo, dos limites do governo que foi estabelecido e que, de agora em diante, não existe mais. Vocês carregam traumas, desta e de outras vidas, e, a partir do momento em que vocês sustentam essa carga, inevitavelmente começam a se prender no processo evolutivo. Livrar-se do peso desses traumas é, exatamente, o grande desafio que vocês têm pela frente.

Qual o nosso propósito como espíritos?
(por Stella)

O propósito de vocês é se autoexperimentar no seu processo de purificação.

Muitos seres, de muitos universos, vêm para a Terra a fim de conhecer e experimentar os jogos praticados no sistema solar, que, por sua vez, é composto por alguns outros planetas. E é exatamente nesses planetas que vocês se experimentam. Há muitas vidas e muitas faixas pelo cosmo. Vocês ainda não estão conectados a outros planetas, pelo menos não no nível consciente que vocês poderiam estar, mas esse tempo virá.

Nos novos tempos que se aproximam a conexão com outros planos e outros planetas vai começar a existir de fato. O propósito de cada um, então, é o de se experimentar. E vocês vão seguir se experimentando, fazendo as programações na quais acreditam e as que julgarem ser as mais apropriadas.

Mas há algo que vocês ainda não compreendem, e isso é um pouco difícil de entender: vocês descem para manifestar nesta faixa, em um emaranhado de acordos. Tudo que ocorre neste momento no mundo, com todas as relações, são acordos coletivos, em todos os níveis. Vocês sempre descem na companhia de vários seres e com programações intercaladas e interligadas. E é exatamente em cima dessas conexões que vocês vivem a vida que têm. Então, toda a humanidade, neste momento do planeta, está conectada a uma única coisa, como se fosse um só espírito que une tudo. E esse espírito que une tudo é o espírito manifestado na terceira faixa da Terra; é o princípio que os unifica, mesmo que vocês pensem na individualidade.

Qual é o espírito mais evoluído que já reencarnou na Terra? Jesus? Buda? Algum outro?

(por Jheremias)

Vocês têm a mania de se comparar uns com os outros, com relativa frequência, sendo que todos estão na mesma situação.

Ao longo da sua programação, em diversas oportunidades vocês foram ajudados por seres previamente orientados a assim proceder. Desde o princípio, os carians e os felinos estão por trás de todo o seu jogo evolutivo.

É importante entender que, por vezes, alguns seres vieram a este plano em condições especiais, quando eles estavam completos. Eles não vieram para cumprir algum aspecto a ser manifestado.

Em sua manifestação completa, esses seres conseguem vibrar em todos os campos. E ao vibrar em todos os campos, esses seres penetram em todos os reinos e se comunicam com vários deles, e vocês se impressionam com esses seres. Mas quando eles vêm de forma completa, têm um propósito a ser cumprido. Sob esse aspecto, não existe diferença entre os seres neste plano, pois todos que aqui se manifestam vêm com um propósito a ser cumprido. O que não torna, nesse sentido, nenhum ser melhor do que o outro.

Os propósitos podem ser maiores e mais amplos ou menores e menos amplos, mas essa é uma variável precária do ponto de vista da raça, que ainda é imperfeita pela condição em que se encontra: a manifestação de seu campo eletromagnético conectado a seu nível de consciência torna as coisas maiores do que elas são, sem extrair o devido valor de cada trabalho, de cada projeto e de cada plano.

Mas todos têm um propósito. Não existe nenhum ser, neste momento do mundo, cuja presença não tenha um propósito nobre e justificável.

Nesse sentido, não há por que buscarmos uma referência de propósito maior quando todos os propósitos têm seu valor. No entanto, é saudável aprendermos com o próximo, com cada um e com os exemplos que são deixados.

A meditação é a ferramenta para que possamos nos aprimorar e estabelecer uma maior conexão com as consciências?

(por Jheremias)

É um bom instrumento, mas vamos entender a meditação como um espaço em que vocês entram e encontram o silêncio. E uma vez que se encontra esse silêncio e não se quer dirigir a mente para absolutamente nada, vocês a conectam a um estado de consciência no qual nós os encontramos. É um estado atemporal móvel. A atemporalidade é a base do nosso encontro, e é nesse momento que vocês vão perceber que não há diferenças entre nós e vocês, elas apenas existem nos estados de manifestação.

Vocês podem indicar algum exercício que auxilie na meditação?

(por Joehl)

Acalme os pensamentos simplesmente se descolando deles. A capacidade de descolamento é o grande trunfo de que vocês dispõem para fazer frente às distrações as quais são submetidos diariamente. O descolamento é fundamental e um exercício muito útil, e, à medida que o forem praticando, tornar-se-ão observadores das próprias experiências e pensamentos. A prática lhes permite uma condição de ascensão maior dentro do fluxo de manifestação do que vocês são, e maior sintonia com seu momento presente.

Existe uma maneira melhor de respirar durante a meditação?

(por Joehl)

Desde os primeiros tempos, vocês receberam de todas as humanidades que por aqui passaram, das civilizações que surgiram e se extinguiram dentro dos seus propósitos, a capacidade de respirar quando, no mundo, era necessário respirar.

Houve épocas em que vocês não precisavam respirar, mas isso se deu quando seu corpo estruturado foi construído para que pudessem entender o fluxo do universo. A necessidade da respiração nada mais é do que o entendimento da força cósmica e da manifestação divina do pai e da mãe.

Há tempos foram-lhes passadas muitas técnicas de respiração, das mais variadas que vocês possam imaginar. Várias delas ainda são utilizadas, outras foram perdidas, e muitas outras virão para os auxiliar na instrumentação e no uso correto do seu corpo, respeitando a limitação em que ele se encontra.

Sendo assim, para toda e qualquer técnica, o mais importante é que vocês tenham consciência do que estão fazendo, e que a sua atenção esteja completamente voltada para o ato de ir e vir. Expansão e retração. Esse é o fluxo do movimento do universo, e vocês, tendo consciência dele, compartilham uma regra importante, que é a lei do pulsar. Vocês pulsam com o universo, e essa habilidade transforma não só as moléculas de todo o seu corpo, mas o fluxo cósmico de presença nessa faixa e nessa vibração em que vocês estão.

A base da respiração envolve o ir e vir, o fluxo de entrada e saída, assim como o ritmo. A combinação desses fatores mexe com a estrutura do ser. O primeiro e mais importante exercício de respiração é o de simplesmente perceber o ir e vir. Voltar a atenção para o movimento e se abrir para o fluxo divino que chega gratuitamente. Abram-se ao fluxo, pois cada "vir" é o movimento do novo, e cada "ir" é o movimento do que já foi.

◆

Como captar e absorver as informações que podemos obter da Consciência Universal, de maneira a ajudar a humanidade e o planeta?
(por Jheremias)

Nos próximos tempos, nenhum de vocês escapará! Positivamente falando. Todos vão caminhar para a verdade. Ninguém vai ficar de fora. Bonito isso, não? E reconfortante também. Vocês já passaram por muitas coisas, é bom ter um alívio agora, faz parte do próximo ciclo. E sentindo-se confortáveis, vocês abrem espaços para novos níveis de trabalho, e à medida que esses espaços forem abertos, naturalmente vocês vão começar a se lembrar de fatos e também vão ter acesso a informações, a entendimentos, coisas que talvez precisassem ler em livros para entender; de repente, porém, vocês passarão a acessar tudo isso. Sem entender por quê. Mas existe um porquê: o conhecimento não está nos livros.

O conhecimento está no campo do espaço/tempo, como se fosse uma grande biblioteca energética à qual vocês têm acesso ao vibrar na energia daquela informação. À medida que vibram na energia da informação, vocês acessam conhecimentos que talvez levariam anos para aprender. Vocês terão, também, alguns dispositivos tecnológicos que serão desenvolvidos e acelerarão, em muito, a dinâmica funcional da máquina do seu corpo.

Contudo, do campo onde nos encontramos, nós temos de fazer um esforço muito grande para conseguir nos comunicar com vocês hoje, aqui. Toda a informação que estamos passando hoje para vocês poderia ter sido transferida na fração de um segundo do seu tempo, se estivessem preparados. Mas como não estão, nós temos de fazer um esforço imenso para baixar sensivelmente nossa vibração a fim de, pacientemente, conseguir conjugar as palavras, organizá-las e transmiti-las para vocês por meio da estrutura deste veículo. É por isso que nós precisamos do campo dele.

Sendo assim, vocês terão acesso às informações, e isso se dará da seguinte forma: em alguns momentos vocês vão receber informações como se já soubessem tudo; nesse momento, confiem, entreguem-se. É assim, e será dessa maneira com todos, para todos, sem exceção.

Como podemos nos tornar canais de luz melhores?
(por Jheremias)

Há um equívoco no seu plano, onde muitas pessoas buscam a iluminação. A tentativa da iluminação é um estado manifestado do ego. Quanto mais vocês querem a iluminação, mais seu ego os controla. Trata-se, então, de uma manifestação egoica.

Uma boa norma para ser um canal de luz é não querer ser um canal de luz. É não colocar isso na sua agenda de metas a serem cumpridas. Realizar a sua programação neste plano, na idade em que vocês se encontram – contando desde a sua entrada no planeta –, e fazer a limpeza no próprio corpo são atos nobres e importantes de revigoramento, rejuvenescimento e manifestação na nova energia do planeta. Toda e qualquer consequência dessas ações se revelará um aspecto natural da essência e da programação do seu ser.

Buscar a iluminação é negar o seu ser. O seu ser já programou algo para vocês, lembrando que vocês e seu ser são um só, vocês apenas não se lembram. Pelas regras estabelecidas aqui neste plano, a ausência de memória foi uma programação. Houve um acordo nesse sentido para que o jogo pudesse existir. Então, a partir do momento em que vocês buscam a iluminação, passam a negar a programação do seu ser.

Seu ser não os colocou no plano para serem um mero aspecto dele, esperando que esse aspecto egoicamente se ilumine, como se tivesse alcançado um estado evolutivo e encerrasse a sua missão no plano. Não é esse o propósito de sua presença no planeta. A finalidade da existência da raça humana na Terra é acumular experiências e experimentos para, então, criar oportunidades de autoexperiências em aprendizagem.

Para estabelecer uma boa comparação, imaginem-se um diretor de cinema. Seus filmes são uma ótima forma de compreensão do seu mundo. Para que uma produção seja bem-sucedida, são necessários bons atores, e eles nem sempre vão representar um personagem do bem. No mundo de vocês, muitos atores se consagram justamente quando desempenham papéis em que são maus. Eles não são profissionais completos se não experimentarem todos os tipos de personagem. Este é o ponto importante que vocês devem entender: a cada experiência vivida no plano, vocês almejam experimentar algo diferente, complementar. Alguns querem experimentar a sensação de como seria matar vários seres humanos, e assim eles fazem, porque a experiência é permitida. Nada acontece neste plano sem ser permitido e autorizado pelos criadores maiores. Vocês é que têm o hábito de julgar algo como certo ou errado, pecaminoso ou virtuoso, e esse julgamento já traz em si um aspecto falso, que não condiz com a verdade.

É compreensível que, dentro do seu mundo, as pessoas que façam coisas consideradas ruins venham a arcar com as consequências de seus atos. Tudo é ação e reação. Mas lembrem-se: quem julga essas pessoas e as faz pagar por seus erros são vocês mesmos, e também os seres maiores ligados a elas, que criam isso tudo.

À medida que vocês vivem e experimentam os mais variados tipos de manifestação, vão se tornando cada vez mais completos, até chegar o momento em que poderão dizer: eu estive naquele planeta e passei por todas as experiências, de todos os tipos e de todas as formas, e posso explicar, com propriedade, como funciona esse jogo. E quem sabe, no futuro, vocês se converterão em bons orientadores desse jogo, instruindo futuros grupos que queiram experimentar os jogos em outros campos.

Compreendendo a vida dessa forma, vocês não mais julgarão o mal na essência, como ele é, nem buscarão a iluminação como um fim, ao longo de sua jornada neste plano.

Podemos desenvolver habilidades para experiências conscientes fora do corpo (sonhos, projeção astral) ou isso é próprio da natureza/ propósito de cada um?
(por Joehl)

Vocês fazem isso o tempo todo. Uns têm consciência, outros não. Vocês vibram em várias frequências, em várias faixas e em várias vibrações diferentes. O ser maior de vocês separou um pedacinho dele e colocou nesse corpo que vocês habitam. Ele se dividiu em várias partes; portanto, vocês vivem aqui e, simultaneamente, em outras realidades neste planeta, em outros corpos. E essa é uma coisa da qual vocês ainda não se recordam; por vezes, vocês se conectam com essas outras partes, e é por isso que sonham com determinados lugares, com determinadas pessoas, e de maneira tão real; na verdade, porém, isso acontece porque vocês estão vivendo no corpo da sua alma irmã, por assim dizer. Esse é um outro aspecto de vocês mesmos que é um outro aspecto de algo maior do que vocês.

Vocês descem coletivamente, encarnam coletivamente. E a cada dia que passa, vocês esbarram nesse outro aspecto de si mesmos, mas nunca vão encontrá-lo cara a cara. Não é um propósito, mas vocês se conectam via mente por meio de sonhos e nos estados de expansão da consciência. Vocês podem se conectar com outras realidades.

Esses outros seres, que também são vocês, não são iguais a vocês. São totalmente distintos de vocês e com outras programações totalmente diferentes. Mas também fazem parte de vocês. Nos próximos tempos, vocês farão essa conexão via expansão da consciência, via sonhos. Vocês estão saindo do corpo e voltando a todo momento, principalmente ao se deitar. Essa percepção aumentará com o tempo, será cada vez mais intensa, mais viva e mais presente.

Como podemos trabalhar a questão e aceitar melhor a morte de entes queridos?

(por Jheremias)

A morte é uma grande ilusão, e é compreensível que vocês a temam. Mas ela é exatamente o começo, não o fim. Esta é a confusão que vocês e alguns outros seres fazem neste momento. Existe uma grande preocupação com o fim do mundo, mas vocês deveriam estar alegres porque está se iniciando um novo mundo. Eis a grande diferença: as pessoas estão retornando, elas não estão partindo. Este entendimento ainda está sendo espalhado em um novo nível de consciência do planeta. Entendemos que isso dure um pouco mais no tempo de vocês. No entanto, no nosso tempo, vai acontecer de uma maneira mais rápida. Mas lembrem-se de que esses bloqueios (ou cortes) de entendimento de consciência também fazem parte da jornada de conhecimento das regras, experiência da qual vocês concordaram em participar.

O que significa a crença de que o apego exagerado a um falecido prejudica a liberação de sua alma?

(por Stella)

Esse aspecto tem muitas possibilidades; inúmeras ou centenas, talvez. Para facilitar um pouco a compreensão, vou lhes apresentar uma dessas possibilidades.

Quando as pessoas ficam presas umas às outras é importante entender que o que as vincula é exatamente o fluxo da energia emocional, e que esse fluxo renova tal vínculo continuamente. Esse vínculo só se encerra quando todo o grupo que coordenou a sua manifestação encarnada também regressa junto com ela. Portanto, se vocês ainda estão vivos e seu avô passou para o outro nível de existência, o processo dele só se encerra quando vocês também voltarem.

É muito importante entender que os laços continuam em certo nível, que o vínculo ainda permanece. Desse modo, os seres com os quais vocês se relacionaram e que não mais fazem parte de sua vida física continuam presentes. É importante que vocês entendam isso não da maneira como gostariam, mas como exatamente deve ser.

O que significa estarmos caminhando para a "supraconsciência"? Como ela se encaixa em nós?

(por Jheremias)

É o vínculo com uma consciência maior e o sentido de unidade da humanidade em conexão com as plantas e os animais de todas as espécies.

Vocês ficarão atônitos quando perceberem que são os únicos seres vivos que não se comunicam com as demais criaturas do planeta. Vocês ficaram desligados por um longo tempo.

É a sua particular capacidade de conexão e de comunicação com todas as espécies que lhes permitirá alcançar essa supraconsciência – uma consciência interligada com tudo.

Nos próximos tempos, vocês perceberão o quanto podem aprender com uma folha de árvore, com uma flor; entenderão que ali tem aprendizado, conhecimentos que, talvez, nenhuma faculdade consiga lhes transmitir. A riqueza de ensinamentos que cada espécie tem para oferecer é absoluta, e esse é um atributo supremo do ponto de vista do nível evolutivo em que vocês se encontram.

Quais são as reações a um despertar espiritual?
(por Stella)

Uma delas é um leve mal-estar. Tal quando vocês acordam de um sono profundo e nem sempre se veem com a disposição que desejariam. Primeiramente, há uma sensação de desconforto em relação a algo que não se sabe exatamente o que é. Um incômodo sem sentido cuja duração varia de pessoa para pessoa.

Ocorre também uma clara perda de interesse em coisas materiais. Muitas pessoas simplesmente se desapegam de tudo; os bens já não têm o valor que tinham antes.

Outra reação é o sentimento de solidão e abandono. O vazio acaba tomando o coração das pessoas.

Muitos indivíduos também passam a sofrer de perda de memória recente, além de um desânimo com o mundo e com aqueles que vivem à sua volta.

É bem comum, ainda, a ocorrência de uma súbita tristeza, irritações e desorientações intempestivas.

Algumas pessoas acusam o aparecimento de dores estranhas e manchas pelo corpo que, assim como surgem, desaparecem sem explicação.

Ao longo do movimento do despertar, há, em alguns casos, o afastamento de amigos e pessoas próximas. Isso ocorre porque as energias já não são mais afins.

Por fim, alguns seres se veem em declínio, passando por uma desestruturação da vida pessoal e profissional.

Todas essas reações são movimentos de reajuste e posicionamento no novo circuito planetário. São as crenças do que é certo e do que é bom que fazem as pessoas sofrerem com as "mutações" do despertar, em vez de lhes facilitar o realinhamento natural de toda a sua estrutura matricial cósmica.

———◆———

O nosso jogo, segundo Luiz Bezerra, é controlado e manipulado por nós mesmos, da outra dimensão. O que podemos fazer para melhorar as nossas condições aqui?

(por Eahhh)

A palavra "melhorar" talvez não seja a mais justa tradução da experiência. Mesmo que haja uma evolução de raças, como já existiu antigamente, quando ela atinge o pico máximo, entendam, seu processo se encerra. E assim começa outra experiência, do zero, com outros propósitos. Esta experiência de vocês uma hora vai se findar. Ela se fechará e se abrirá em outros processos, em outros jogos, em novas experiências e manifestações que, para vocês, na condição em que se encontram, seriam incompreensíveis. Os jogos no universo são muito variados, muito ricos nos limites da experiência da manifestação de cada universo. Todos eles têm início e fim. Lembrando que a única coisa que não tem início e não tem fim é o impronunciável.

Muita gente está deprimida, sem um propósito para viver. Por que isso vem aumentando?
(por Jheremias)

O nível de consciência está se elevando no planeta graças ao nível de luz que vai entrando e aos expurgos que aumentam. As pessoas não vão mais conseguir viver dentro da loucura que é a vida delas.

Vamos falar um pouco das horas que os seres humanos precisam reservar para dormir. Vocês ainda não se tocaram de que vivem apenas uma parte do tempo no planeta? A humanidade se esqueceu disso há milênios. No momento em que vocês caem no sono, vocês saem deste plano; é como se pegassem um avião e fossem embora todos os dias. Só que vocês pegam o avião e voltam. Vocês acreditam que ficam aqui enquanto estão dormindo, mas se esqueceram do que acontece nesse dormir.

Quase nenhum ser humano sabe o que acontece quando ele dorme. Na verdade, quando vocês adormecem, regressam para o lugar de onde vieram e fazem uns ajustes para que não enlouqueçam na condição tridimensional em que se encontram. Quando acordam, vocês voltam para o planeta, e lhes é dado um tempo até que tenham de voltar novamente para a sua origem.

Essa origem não é a sua origem total, isso para que vocês não confundam a sua existência verdadeira com a existência provisória que é aqui. Vocês vão para um lugar onde não há interferência com a sua condição tridimensional. Às vezes, vocês fazem trabalhos na realidade do outro lado. Aqui é como se vocês estivessem sonhando. Quando vocês começam a entender que vivem apenas um período diário da existência em um dado planeta – no caso, a Terra –, passam a se ver como turistas e não como residentes. Esse é o primeiro exercício de desapego de vocês, o qual ainda não aprenderam.

Vocês acreditam que estão em casa, mas é muito provável que permaneçam bem pouco tempo nela. Quando chegam do trabalho e vão para seus lares, vocês se deitam na cama e acreditam que nela vão dormir de fato. O seu corpo ficará lá, vocês, não; vocês deixarão o planeta. Vocês se esqueceram disso.

Quando vocês acordam, é importante entender que isso é um regresso. Quando começam a perceber que chegam e partem todos os dias, vocês passam a compreender a verdade que é a sua vida, e a sair da condição de mentira que muitas vezes lhes foi imposta, ou que outras tantas vocês mesmos se impuseram.

Essa compreensão muda tudo, e vocês passam a entender que a sua vida começa e termina no mesmo dia, e que pode haver um dia em que não voltem. Se vocês não quisessem voltar, não voltariam, porque todo dia vocês vão embora.

É possível dizer que seu corpo continua como uma máquina, respirando, carregando um pensamento paralelo; é como se fosse um carro que não pudesse ser desligado porque, se desligar, não liga mais. O seu corpo não desliga, mas vocês saem deste planeta todos os dias.

Muitos saem para executar trabalhos, outros para fazer ajustes. Outros partem para se recuperar de traumas do dia e se realinhar para seguir vivendo. Há aqueles que fazem viagens além do seu tempo, vão para trás e para a frente realizando curas, vendo imagens futuras, cenas de um porvir em que vocês alcançarão um outro campo desprovido de tempo e espaço.

Por fim, no dia seguinte, vocês voltam e acreditam que dormiram, que permaneceram aqui no planeta todo o tempo. Vocês pensam que vieram para cá e daqui não sairão um minuto sequer, até o dia em que, definitivamente, seu corpo parará de funcionar e vocês irão embora. Isso é um grande engano. Essa é uma grande farsa e uma grande mentira. Vocês saem todos os dias, todos vocês, sem uma única exceção, mesmo com o motor ligado.

O que é a depressão?

(por Jheremias)

Quando começam a perceber a real fragilidade e a brevidade do tempo que, de fato, vivem aqui, vocês começam a enxergar a realidade como ela é. Mas alguns não conseguem fazer isso, e sofrem.

O que é a depressão, então? A depressão é o caminho para a realidade. Muitas vezes, vocês a tratam como se fosse uma anomalia. Não raro, o corpo reage a essa situação de distanciamento da verdade e do sentido criando anomalias de forma tão contundente que vocês precisam de ajustes químicos e magnéticos para realinhá-lo a uma estrutura de vida melhor. É sabido, é entendido e respeitado.

Mas a depressão não é, necessariamente, uma anomalia, e não precisa, necessariamente, ser tratada com suportes químicos todas as vezes. Entendam que a depressão é um caminho, não uma anomalia. Ela é um caminho para que vocês possam encontrar a verdade. A verdade da sua condição, da sua fragilidade. O fato de que vocês vivem apenas uma parte de tudo o que são, uma parte programada por vocês mesmos e a qual vivem por apenas um período de tempo neste planeta.

Assim sendo, esse é o princípio do caminho para que vocês possam lidar com o que nós chamamos de depressão.

8

Curas espirituais

Por que adoecemos?
(por Stella)

Amados e queridos, venho lhes abrir um novo nível de informação que, por direito e acordo, os auxilia em sua jornada. Sua passagem neste plano de existência vai muito além da sua própria realidade física vibracional; ela a antecede e a interliga. À medida que vocês descem vibracionalmente para o exercício de manifestações, estas se efetivam por acordos coletivos e programados.

Em sua experiência, as instâncias mental e emocional são fonte de contínua interface existencial e aprendizagem. Todo esse conteúdo é acoplado no corpo físico que possuem e é oriundo dos acordos, das experiências e das relações com o ambiente e com outros seres. Esse conteúdo também é reflexo de uma era, de um todo coletivo, de um todo individualizado e de um todo reduzido pela linhagem sanguínea.

Sua existência marca uma sequência consanguínea e coletiva, além de suas próprias programações, escolhas e enlaces coletivos.

Quando todo o conteúdo não vibra em sintonia com sua verdade e com a verdade universal, o campo de dissonância energética criado movimenta-se para a densificação, e esta, por consequência, alimenta os campos de expurgação. O expurgo energético das causas do não alinhamento com a verdade una manifesta-se no que vocês chamam de "doença".

Vocês têm uma percepção distorcida do que é doença. Suas enfermidades são reflexo da limpeza de seus campos e de outros indivíduos. Há muitas razões para vocês adoecerem, e quero lhes apresentar o arco das probabilidades de causação de uma doença.

- Causa 1: vocês criaram campos distorcidos em sua própria existência e os estão expurgando.
- Causa 2: vocês estão expurgando campos distorcidos de existências passadas.
- Causa 3: vocês estão expurgando campos sanguíneos de sua família no presente ou de ascendentes antigos.
- Causa 4: vocês estão expurgando campos coletivos.
- Causa 5: vocês estão expurgando campos do planeta.

Para superar cada relação causal, vocês precisam frequentar um nível de vibração e estágios que fazem parte de sua jornada. Entendam que seu percurso vai para o antes e para o depois de sua existência física e de seus relacionamentos. Tudo o que fazem tem vínculos com o passado, o presente e o futuro, dentro da perspectiva de sua manifestação. A causalidade coletiva é planetária; portanto, as doenças são também expurgos planetários.

Cada parte de seu corpo que faz o expurgo energético tem uma razão clara e específica. Ainda que nem sempre compreendida pela lógica de vocês, essa razão está perfeitamente alinhada com sua experiência e com todo o entrelaçamento da existência.

As chamadas doenças, ou expurgos energéticos, fazem parte do contexto de jogo do qual vocês fazem parte, não sendo algo maléfico, por assim dizer, mas um processo natural do movimento de campos que envolvem sua disposição mental e emocional. Em outros níveis e à sua maneira, seus irmãos vegetais e minerais também fazem seus expurgos, contribuindo, assim, para os níveis de limpeza das causas 4 e 5.

Por que estamos passando por um processo tão intenso e doloroso? (O processo sob o nosso ponto de vista, humano: depressão, crescimento dos medos, dores físicas, instabilidades, oscilações energéticas etc.)

(por Stella)

Vocês recebem uma luz muito grande. Há hoje uma entrada de luz como há muitos anos vocês não experimentavam. E é preciso que haja a limpeza para que se possa fazer a transição para novas experiências da humanidade, de todas as espécies que estão neste plano e no intraplano deste planeta.

Não há como escapar de tais limpezas porque elas foram programadas e vocês escolheram estar aqui. As decisões foram tomadas por todos vocês. Portanto, os próximos tempos representarão muitas mudanças. E o que serão essas mudanças? Toda dor e disfunção que estiver escondida virá à tona. Todos os dramas, todas as crises, tudo o que está guardado e velado emergirá. Absolutamente tudo vai sair de dentro de vocês. Por quê? Porque é uma limpeza. Nada que não seja a própria luz poderá ficar na luz.

Muitos de vocês não estão suportando essa limpeza e estão sendo convidados a se retirar do planeta. Até por iniciativa própria, por não darem conta do volume de luz e, principalmente, pelos dramas vividos.

Grande parte desses dramas é da humanidade, mas vocês são a humanidade. Portanto, todos vocês têm dramas. E o que são dramas? São as experiências pouco compreendidas das relações. Não adianta fingir que está tudo bem porque, no fundo, se pararem para pensar e olharem à sua volta, verão que as coisas não estarão do jeito que vocês gostariam, nada estará estável.

Na verdade, e em verdade eu lhes falo, tudo pelo que passam são limpezas, e elas permeiam toda a humanidade. Muitas vezes, quando vocês realizam as suas limpezas, foi seu corpo que as requereu, para que os campos maiores também sejam depurados. Portanto, a instabilidade vai fazer parte da sua existência durante muito tempo, até que toda a limpeza seja feita e vocês desfrutem uma absoluta verdade; quando isso acontecer, vocês conhecerão uma das coisas mais belas que possam imaginar. No entanto, vocês viverão momentos de absoluto terror, no seu entendimento, até que possam alcançar essa verdade. Vocês escutarão das pessoas à sua volta coisas que nunca gostariam de ouvir.

Vocês viverão experiências que há muito não queriam viver. Todo esse processo corresponde a uma efetiva limpeza que ainda vai perdurar durante um bom tempo no plano de vocês. Isso faz parte da ancoragem de luz do próximo passo da humanidade, e do princípio de que tudo tem conexão com todas as espécies e com todas as formas de vida que existem neste planeta, simplesmente porque tudo está se movimentando em conjunto.

Por essa razão, é importante entender que vocês passarão por tempos mais "difíceis", por falta de uma palavra melhor para o seu entendimento. Do nosso ponto de vista, de onde nós estamos, isso nada mais será do que um movimento natural e necessário do propósito no qual todos estamos envolvidos.

Vocês sugerem que desenvolvamos a autocura. O que precisamos aprender para fazer isso? Que instruções e que ferramentas vocês nos darão? Como faremos?

(por Stella)

Os trabalhos que fazemos ajudam cada um a acreditar que a cura é possível em qualquer condição. A crença é um fator crítico para se "assumir o papel" de curador. Vocês também têm esse papel. A cura não é feita unicamente por nós. Ela é um conjunto de ações que vêm do seu "ser maior", quando ele entende que aquilo se tornou uma repetição e que o aprendizado já se consumou. Muitos seres da humanidade se encontram nessa condição.

Um sem-número de pessoas está com doenças que já não precisavam mais ter, simplesmente porque elas repetem aquilo que já aprenderam. A humanidade se repete e grande parte dela passa por essa situação.

Recebemos autorização para vir aqui e liberar aquelas pessoas acometidas por doenças originárias de suas repetições. Por outro lado, vocês sentem um desejo profundo e inconsciente de mudar aquilo que é, sabidamente, uma replicação. Quando isso acontece, vocês adquirem poder de abertura para que aquela energia vá embora na manifestação distorcida dentro do seu corpo. Então, o nosso trabalho aparece, vem de dentro de uma coletividade.

A partir do momento em que vocês vêm para este lugar com o desejo de ajudar o próximo, essa simples intenção já é uma fonte de cura. Portanto, todos os que aqui estão presentes também fazem parte do processo de cura daqueles que aqui vêm buscá-la. Aí reside a importância de se entender como se dá o processo de cura.

A sua manifestação é a manifestação do próprio ser maior dentro de um corpo animado por essa consciência maior, gerando uma inconsciência manifestada. Vocês são uma programação de si mesmos. Toda cura, no fundo, passa por vocês na condição de portadores de uma consciência maior. Portanto, o processo da cura é uma ação conjunta, sua e nossa.

É por isso que nós agimos dentro de um conjunto e entendemos que vocês fazem um trabalho muito honrado, porque somos parte desse mesmo esforço conjunto de cura. É como se fosse uma parceria, como vocês assim dizem.

Por outro lado, muitas pessoas precisam passar por determinados aprendizados que não são fruto de uma repetição findada, mas uma experiência adquirida. Podemos dizer que é uma repetição existente de uma experiência não adquirida.

Esta é a manifestação distorcida que leva ao sofrimento e à dor, e ela deve ser respeitada.

Nós somos capazes de mudar isso, mas temos o dever de honrar o trabalho de cada um. Essa é a nossa premissa maior, e, sob essa perspectiva, nós não suprimimos a doença das pessoas, por uma razão simples: se o fizermos, estaremos tirando o direito de um ser de ter seu próprio aprendizado.

As pessoas não conseguem compreender isso porque estão envolvidas com sua dor e seu sofrimento. Poucos de vocês têm a capacidade de entender que existe um aprendizado ali, mesmo que seja o da doença ter de levá-los deste plano. Isso, porém, já estava escrito e fazia parte do seu processo de aprendizado.

Nesse ponto, interferir não faz parte do nosso projeto nem da nossa ação, simplesmente porque isso não é amor. Amor é permitir que as pessoas tenham, em sua essência, a experiência completa que foi programada por elas mesmas. É por essa razão que existem aqui centros de cura e também centros de amor pela não cura.

Quando não há possibilidade de realizarmos a cura, pelas razões expostas por mim, o que nós fazemos é dar a sustentação, o apoio energético, o alívio emocional e a condição de abertura de canais psíquicos para que as pessoas possam perceber e dar o próximo passo da experiência que elas escolheram.

Portanto, o trabalho que nós fazemos é o de nos comunicar de maneira sublime e amorosa para que as pessoas possam, com sua firmeza e retidão, sustentar suas realidades; é o de não permitir que sejam criadas expectativas irreais. Nosso trabalho é realizado sob a mais absoluta condição de amor, seja pela cura, seja pela não cura. O amor está presente em ambas.

Vocês recomendam que façamos a "entrega" dos nossos problemas e dificuldades. Para quem se faz essa entrega? Para Deus, para todas as consciências, para uma consciência específica, para o universo? Quem vai receber a entrega e nos orientar, nos ajudar?
(por Jheremias)

Quando vocês jogam um objeto pela janela, a gravidade o recebe. Quando vocês entregam algo que não é mais seu, o fluxo universal o recebe. Assim é a lei divina desde que existam amor e verdade, e desde que a iniciativa não seja movida pelo desespero e pelo medo, como muitas vezes ocorre. Por isso, a consciência do ato em si, por parte de vocês, é a real medida para a justificação da entrega.

Por que é preciso haver dor em alguns tratamentos?
(por Ata)

A ideia de corpo humano vem evoluindo há tempos. Seja em sua concepção, seja no estágio atual de desenvolvimento em que se encontra, o corpo humano é permeado pelo sistema de canais nervosos.

Os nervos estão distribuídos pela estrutura do corpo e têm a função de conectar todas as suas partes funcionais, internas e externas, assim como entrelaçar o campo de energia eletromagnética da humanidade, do planeta e do universo.

Portanto, todo o sistema nervoso é um canal de comunicação, uma interface de mão dupla que o converte em uma espécie de duto. Então, o sistema nervoso pode ser visto como um grande condutor por meio do qual vocês transformam, movimentam, acoplam e expurgam. É um canal energético. Dentro desse entendimento de duto, o sistema nervoso tem uma função no processo de cura.

Cada ser encarnado e incorporado tem toda uma história, tem todo um campo de trabalho ao longo do tempo que habita esse corpo. Mas muitas coisas se repetem no mundo de vocês. Há pessoas que não precisam mais se submeter à repetição; no entanto, elas se repetem naquilo que já foi concluído dentro do seu processo evolutivo. Elas se agarram a essa repetição como se fossem prisioneiras de um campo de aprendizagem que já aconteceu. Isso, de certa forma, pode ser percebido coletivamente.

O indivíduo é apenas uma expressão do coletivo.

Neste momento do mundo, há muito apoio no interior da coletividade, uma ajuda vinda de vocês para vocês mesmos e de nós para vocês, a fim de que saiam de alguns ciclos – que poderíamos chamar de vícios – baseados em traumas. Algumas experiências já se concluíram há muito, e o tempo urge para que movimentem seu ciclo. Tanto o fechamento quanto a abertura de ciclos – que é exatamente o que vocês vivem – ainda vão durar um tempo nesta vivência. Na etapa atual, é acordado e permitido livrar vocês de alguns desses vícios. Querendo ou não, eles criam matéria de expurgo.

Essa matéria de expurgo é fruto de um movimento baseado no vício e que o espalha, muitas vezes, por vários dutos, entre os quais o sistema nervoso, que é um dos principais canais formadores do corpo.

Quando se concretiza a possibilidade de aliviar, eliminar e limpar algo de que vocês realmente não mais precisam, é porque o processo de cura, vamos dizer assim, foi autorizado. Daí em diante, muitas curas se efetivam pela saída nos dutos; quando isso acontece, a dor se manifesta como a liberação do trauma. A dor é reflexo da passagem daquilo a que vocês estão presos. É um vício identificado atravessando um túnel.

Se vocês passarem a enxergá-la assim, verão a dor como instrumento de libertação de algo que os aprisionava, e o entendimento e a relação que terão com a dor já não serão os mesmos. No entanto, as pessoas não se acostumam com a dor porque a entendem de forma equivocada.

A dor já existe quando alguém busca uma cura, e, para vislumbrá-la, basta vocês abandonarem a condição primária em que se encontram e acoplarem a sua centelha de luz ao corpo que agora habitam

Outro ponto para refletirem: não há dor maior do que a do momento em que vocês são concebidos e vêm ao mundo. É a dor do aprisionamento.

Vocês são prisioneiros só pelo fato de estar nesse corpo.

Essa é razão pela qual muitas pessoas sofrem. Não conseguem se ajustar ao mundo porque têm uma conexão tão grande com a sua centelha de luz que o corpo passa a ser uma prisão, a vida passa a ser uma prisão, e o sentido da própria existência passa a ser negado e não entendido.

No momento em que vocês ficam presos na condição em que se encontram, tudo que passa pelo duto do seu sistema nervoso acaba tendo um significado de dor muito maior do que é a própria dor.

Quando, então, as pessoas procuram um centro de cura como o Aletheia? Quando o campo delas já está afinado ao do instituto.

Ninguém vem para cá sem que haja uma permissão para que venha, e quando chegam, muitas pessoas são curadas por meio da dor. A dor é a libertação daquilo que precisa ser expurgado do corpo físico e emocional, ou até do sistema plasmático.

Portanto, a dor é um sinal fantástico de que algo nocivo está sendo expelido.

Vocês podem considerar, também, o seguinte processo que nós realizamos: a compressão da dor pela linha do tempo. É um outro sistema de cura. Seria como uma mola a qual se estica ou se comprime, ampliando, assim, o campo de tensão dentro da condição tridimensional em que vocês se encontram.

Muitas pessoas não precisam viver determinadas coisas que vão ocorrer no futuro. Sendo assim, quando nós as libertamos, necessariamente comprimimos a dor e retiramos todo aquele sofrimento de uma só vez.

É como se vocês passassem um elefante por um pequeno buraco: ele vai arrombá-lo. A mesma coisa acontece quando nós estamos limpando campos de sofrimento: fluxos de energia estão passando por um duto pequeno e então vem a dor. É como se vocês sentissem a dor de um ano todo em segundos (em sua escala de tempo), no momento em que a matéria de expurgo deixa o seu corpo.

Logo, quando ocorre essa compressão, a dor sentida é o sintoma da passagem dos detritos físicos e emocionais pelo canal do tempo.

A dor, portanto, faz parte do sistema de cura e, de certa forma, sua existência é algo natural e magnífico.

Isso não significa que todas as situações de cura acontecem, necessariamente, pela dor. Muitas pessoas têm os dutos mais largos e não sofrem com aquilo que passa por eles. Outras pessoas, porém, têm os dutos mais estreitos; nesse caso, a dor é inevitável. A maioria das pessoas, na coletividade, tem os dutos estreitos porque vive o mundo de uma maneira muito pesada.

Por quê? Porque ainda não se adaptaram à prisão. Mas é importante lembrar que a prisão é provisória. Ela não é a realidade e não é real. É uma circunstância. Todos vocês vivem circunstancialmente sob a condição física e de aprisionamento em que se encontram.

Esse é o significado da dor. Por isso ela existe, por isso ela atinge uns e outros não.

Por que nem todos são curados?
(por Ata)

De igual forma, toda cura recebe uma prévia autorização, falando no nível de entendimento de vocês. E o que é a cura? A cura se dá em cima daquilo que já aprenderam, mas vocês estão presos em uma repetição viciada, como eu disse há pouco. Algumas pessoas não recebem a cura. Por quê? Por que não merecem? Por que são menos importantes? Não são qualificadas? Fizeram algo de errado? Nada disso condiz com a verdade quanto ao que realmente se passa com as pessoas que não são curadas.

Quem planejou as doenças? Quem programou as experiências de cada pessoa? Foi a própria pessoa. Foi o próprio ser dela. Há coisas pelas quais as pessoas precisam passar devido à própria programação da existência delas. Seria legítimo nós interferirmos? Provavelmente, esse ser voltaria ao planeta para ter de viver tudo de novo. Isso seria justo? Intrometermo-nos em algo que outro ser planejou? Certamente que não.

Não será dessa forma que nós cumpriremos a experiência deste plano. Isso é importante de ser entendido. Sob essa perspectiva, nós constatamos e entendemos que nem toda cura é autorizada, e não é autorizada por quem? Pelas esferas superiores e pelo próprio ser. Por mais que as pessoas não consigam se lembrar disso – e nem sempre estão em condição de fazê-lo –, foram elas mesmas que criaram e que querem passar por essa experiência.

A indignação e a revolta, muitas vezes, tomam conta das pessoas; elas têm a esperança de que algo superior as cure, mas esse algo superior não cura. Então, começam a pensar que o algo superior não é tão superior assim. Eu faço algumas perguntas: será que existe um propósito maior para aquela doença? Uma razão para ela não ser curada? Ou para ela durar um período de tempo maior do que precisa para ser curada?

Muitas limpezas são feitas no campo espiritual no momento em que uma cura não é autorizada. Quando não há consentimento para a cura de uma doença, nós estabilizamos o doente. Podemos sempre fazer alguma coisa por ele, sendo de sua compreensão ou não, mesmo quando a cura não é autorizada. Normalmente, nós não informamos que a cura não foi permitida. Por quê? Porque se nós assim fizermos, tiraremos a fé das pessoas, sua capacidade e força de se mover na experiência que elas mesmas programaram. Por essa razão, muitas vezes, nós não falamos. Nós oferecemos apoio e suporte.

O que é esse apoio e suporte? É todo ajuste do campo, dos subcorpos, dos multicorpos, dos intracorpos e dos metacorpos que a pessoa tem. Fazemos isso para que a experiência desse ser seja plena e possa viabilizar seu próximo movimento da vida. Quando uma pessoa está apta a fazer o próximo movimento de sua vida, significa que está tudo certo. Assim é, e é assim que deve ser. Portanto, muitas curas são feitas e outras tantas não são. Porque é preciso uma autorização, e isso nós respeitamos, porque existem leis e existem regras.

Por meio das palavras que estou usando para que vocês possam entender – mesmo que elas não sejam as mais adequadas para o que acontece do outro lado –, afirmo que tudo tem regra, que tudo tem lei, e quando elas não são seguidas, o sistema inteiro se desarmoniza. Esse sistema é um todo integrado, multidiverso e multidinâmico.

Como se dão as curas ou trabalhos por meio do corpo do veículo?

(por Joehl)

Vocês recebem muita ajuda, que chega de vários campos e de diversas formas. E o que eu posso lhes dizer é que é algo magnífico o que acontece aqui e em outros lugares do planeta. Algo que, talvez, não seja tão compreensível para vocês, mas sobre o que, certamente, poderão compreender um pouco mais.

Quando nós entramos no corpo do veículo, somos muitos. E nós também estamos espalhados por todos os níveis que envolvem este ambiente físico, afora, abaixo e acima dele. Vocês entendem as coisas de uma forma plana, e é natural que seja assim pela condição em que se encontram, mas existem coisas abaixo e acima do plano físico.

Imaginem isso tudo como uma grande bola, e que vocês estão no meio dela. Há seres que vêm para baixo a fim de dar sustentação ao seu universo, porque ele assim o exige. Então, quando nós estamos aqui, temos de ocupar essa bola por completo – o que vai para cima, o que vai para baixo e o que vai para as outras áreas e dimensões. Portanto, nós preenchemos todos os pontos, criando o que chamamos de uma geometria (de uma forma que talvez vocês não compreendam), como se nós ocupássemos todo o espaço dessa esfera na qual vocês estão inseridos.

Este plano no qual se encontram, onde pisam, está exatamente no centro da esfera. É como se vocês estivessem dentro de uma bolha. Essa bolha é formada logo no início dos trabalhos.

Para baixo, do outro lado do planeta, deslocam-se alguns seres em naves; para cima e para os lados também, além dos seres que estão se organizando para formar a geometria. Assim é feito o campo de proteção. Se alguém tem de vir a um centro de cura naquele momento, certamente o fará; quem não tem de vir, não virá naquele dia.

Assim que as pessoas passam pelo campo e vão se aproximando, coisas vão acontecendo. É quando vamos para a próxima etapa do trabalho, quando as pessoas se dirigem a uma mesa, ou a uma maca, como vocês chamam. Nesse instante, temos muitos seres, de várias formas, trabalhando com equipamentos (alguns destes bonitos e coloridos). Se vocês pudessem ver – e alguns de vocês conseguem –, constatariam que o trabalho e a instrumentalização são bem interessantes, envolvem o ambiente de cores, requerem aparelhos diferentes e muitas outras coisas.

Muitas vezes, para realizar uma parte significativa do trabalho, nós precisamos tocar o corpo da pessoa. Sempre que fazemos isso, existe um ser sustentando esse corpo, ou melhor, uma consciência – este é o nome que gostamos de usar, por ser mais apropriado. O que a consciência faz nesse momento? Ela sustenta uma qualidade de energia. Mesmo que, aparentemente, todas as consciências façam as mesmas coisas, cada qual sustenta qualidades diferentes de energia, e é essa sustentação que nos permite receber os chamados de outros seres.

Esses seres são canalizados pelo veículo, por meio da consciência que o sustenta, e penetram o corpo do ser humano doente. Vamos imaginar que a pessoa tenha um problema em um de seus órgãos. Quando nós a tocamos com o dedo ou a mão do veículo, ela deve imaginar que é esse dedo ou essa mão que está atuando, mas não é. São os seres que estão agindo dentro do corpo, como se tivessem se miniaturizado.

Esses seres se transformam em pequenos átomos, se multiplicam e se misturam nos campos de energia. É comum entrarem trinta, sessenta, até cento e cinquenta seres quando o veículo toca o corpo de uma pessoa. E assim eles começam a fazer um trabalho pleno de beleza, de verdade e de amor.

Quando há células que precisam ser renovadas, os seres se multiplicam em várias células, procedem às trocas e realizam todo o trabalho lá dentro. À medida que eles vão agindo, age também o dedo ou a mão do veículo para ajudar a fazer a limpeza daquilo que os seres estão jogando para fora.

Então, é como se um corpo fosse invadido por vários seres com propósito de cura. Se vocês já se submeteram a algum tratamento – e eu sinto que já o fizeram –, certamente receberam a presença de vários de nós em seu interior, para livrá-los das coisas que precisavam sair, para ministrar algum tipo de cura ou de medicamento num nível que vocês não entendem. É assim que nós fazemos o trabalho. E mesmo depois de tirarmos a mão do corpo de alguém, a pessoa continua sendo trabalhada e assistida. Às vezes, também, nós separamos parte do corpo e a levamos para outros lugares, onde são feitas várias curas.

Vocês têm vários corpos. Durante um atendimento de cura, muitas vezes escolhemos um corpo, às vezes até dois corpos, e os colocamos em outro local, num outro plano que vocês não conhecem. Esses corpos ficam em tratamento enquanto a consciência está fazendo o trabalho, e, tal como ela, há muitos outros operando dentro do corpo. E assim se dá o processo de cura. E assim se cumpre o trabalho que nós fazemos.

Vejam, então, que nós somos muitos. Por mais que apenas um seja notado por vocês no processo de cura ou no tratamento, somos muitos. Mas vocês gostam de nomes, não é? Seria difícil não saber com quem conversaram. Como posso gostar de alguém que eu não sei quem é? Para quem vou pedir ajuda no momento de desespero?

Generosamente, alguns de nós resolveram abdicar de sua condição de completude e se restringir a um nome, para facilitar a vida de vocês. É por isso que alguns se autodenominam. A maioria, porém, prefere trabalhar em silêncio. Esses voluntários ocultos são os principais agentes da cura de vocês, e ninguém sabe quem são, ninguém os conhece, pois eles não querem gratidão, não almejam reconhecimento. Mas vocês, quando partirem deste planeta, conhecerão todos eles, saberão o que fizeram. Mas lembrem-se de que eles não desejam recompensa, querem apenas ajudar naquilo que lhes é permitido.

9

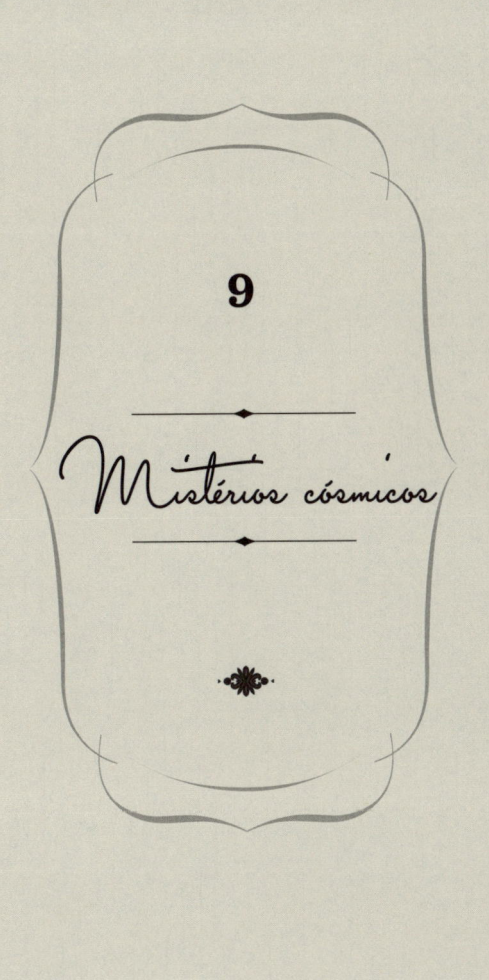

Mistérios cósmicos

De onde viemos?

(por Stella)

Vocês vieram da unidade, fazem parte da unidade. De certa maneira, vocês apenas se esqueceram disso. Toda memória do universo está em vocês, toda memória cósmica está armazenada em seus ossos.

O momento que vocês vivem neste plano é um momento de graça, de alegria, porque é uma fase de unificação de dimensões. Os próximos tempos trarão muitas revelações.

A revelação quebra pensamentos viciados e fechados que, de certa forma, foram implantados no mundo de vocês. Em outro plano, o planeta recebe uma enorme quantidade diária de luz. Uma luz bem distinta, que há muito tempo vocês não encontravam. Essa é uma luz que penetra tudo; não existe, em sua realidade, matéria vibrando que seja capaz de impedi-la de entrar. Essa luz invade seu ponto celular, sua esfera atômica. Ela tem a função de fazer as limpezas, de eliminar o lixo e as toxinas emocionais e mentais que cegam vocês.

À medida que essas toxinas, esses lixos e esses vícios afloram, eles vêm em forma de emoção, de memória, vêm como uma ruptura de pensamento. Essa ruptura é a razão pela qual muitas pessoas têm enlouquecido. Nos próximos tempos, nós veremos muitas pessoas com depressão, desvairando, não suportando a quantidade de luz e optando por deixar o planeta por vontade própria.

A única coisa que vocês devem fazer é não se ocupar, nem mesmo se preocupar, em canalizar. Em breve, vocês serão todos seres multidimensionais e terão a capacidade de se conectar com várias frequências de energia, tendo como propósito a realização de seu papel, de sua programação e de sua jornada neste planeta, em conformidade com o propósito maior de fechamento do seu ciclo e abertura do nosso neste plano.

Sendo assim, não se preocupem em buscar algo. Ocupem-se apenas em deixar partir tudo aquilo que tiver de partir. E o que são essas coisas que têm de partir? São as memórias, são emoções, é o medo que surge sem uma compreensão específica. É uma dor física que vem e que vai, é uma angústia inexplicável, é um momento de tristeza em que vocês querem ficar absolutamente sós por vários dias.

E que trabalho vocês devem fazer? Estar atentos às coisas que têm de partir, energias que estão saindo. É o seu processo de limpeza. Essa luz que chega ao plano vem iluminar todos os seres do planeta, sem exceção. Mas quando essa luz adentra, nem todas as pessoas sabem o que fazer com as energias que devem ser expulsas. E aí reside a consciência. Aí reside o entendimento. E é a partir desse entendimento que vocês podem dar o próximo passo, necessariamente em direção a si mesmos. Portanto, lembrem-se de que vocês podem beber da unidade não só porque são parte inequívoca dela, mas porque também são ela.

No nosso entendimento, a ciência tem, neste momento, um papel primordial no mundo: ajudar as pessoas a ter uma compreensão maior do todo e, inclusive, delas mesmas. Esta é a razão pela qual nós incentivamos muito que vocês estudem, que se conectem até chegar a um ponto em que o estudo não mais será necessário; é quando vocês conseguirão encontrar os caminhos para acessar os campos nos quais os conhecimentos estão contidos. Nada que já não houvesse antes se revela neste plano. Todo o conhecimento que chega até vocês já existia há tempos.

Como vocês podem atingir esse conhecimento? Alinhando-se a ele. Quanto mais um cientista estuda, mais ele afina sua condição para que possa acessar e baixar o conhecimento. Então, o que ocorre de fato é que, à medida que se limpam e se alinham consigo mesmos e com o plano, vocês podem começar a ter acesso a campos de conhecimento. Um universo de informações tão grande e tão vasto que vocês não conseguiriam adquirir por completo, nem que tivessem estudado por uma vida inteira. Mas, na verdade, vocês têm esse potencial, essa capacidade, e podem explorá-los por meio do alinhamento, porque esse conhecimento está disponível para vocês.

Qual a razão de nossa limitação? Qual é o motivo de estarmos presos em um processo evolutivo?

(por Eahhh)

Sua realidade limitadora é oriunda de uma grande briga que existiu e de uma desconexão com o outro lado. Nada do que aconteceu embaixo não aconteceu antes em cima. Então, acima ou sobreposto a este nível, há algo que monitora o planeta – uma dimensão que vibra e controla vocês.

Nessa dimensão, que se situa no campo da sua mentalização, alguns seres os controlaram e fizeram jogos com vocês, e, à medida que jogaram, geraram emoções. Os seres beberam dessas emoções. Nesse sentido, vocês foram – e continuam sendo – instrumentos também. Existem muitos propósitos para as suas experiências, e um deles tem sido o de vocês alimentarem outros seres com sucos emocionais.

O que são sucos emocionais?

(por Stella)

Culpa, medo, raiva, vingança. Tudo é alimento. Para onde vocês pensam que vão essas emoções? Tudo é aproveitado. Inclusive foram criados outros instrumentos, mais sofisticados, para fazer com que vocês produzissem os sucos emocionais.

Foi trazido para a sua realidade, neste tempo presente, o sistema de televisão. Na tevê, grande parte da programação foi feita para estimulá-los a produzir sucos emocionais a fim de que esses seres pudessem se servir deles.

A tevê é apenas um entre muitos recursos que existem para provocar a fabricação de sucos emocionais. Mas lembrem-se de que esse é um outro propósito. Entendam que são muitos os propósitos da experiência, não somente o que lhes diz respeito. Além de haver o propósito coletivo e um propósito universal, também existe o propósito da outra dimensão que controla vocês.

Existe um propósito em se aproveitar aquilo que nós produzimos?

(por Stella)

Tudo é permitido. Tudo faz parte da experiência.

Independentemente dos sentimentos produzidos, bons e ruins?

(por Stella)

Isso é julgamento seu.

O que poderia dizer sobre eles?

(por Stella)

Existem, também, sentimentos bons. Observem quais são os mais intensos sentimentos que a humanidade produz hoje. Observem. Percebam que toda a lógica do mundo é orientada para provocar as pessoas e fazer criar os tais sucos emocionais.

Nós podemos ajudá-los a lidar melhor com os sucos emocionais. Mas tem um outro lado. Pode ser que vocês se confundam com o que nós vamos falar, mas, ainda assim, nós sentimos que a confusão é bem-vinda: mesmo que os sucos emocionais tenham um propósito, existe um outro propósito.

Todas essas emoções contidas têm dois aspectos. O primeiro deles é que algumas dessas emoções, em vez de serem liberadas por vocês, são trazidas para dentro do seu corpo, e assim surgem o que vocês chamam de doenças. Nesse momento, aparecemos para ajudar a limpá-las. À medida que limpamos, fazemos esses sucos saírem para alguém beber. Lembrem-se de que o suco tem de ser expelido, não pode ficar corporificado.

O problema surge quando uma pessoa se acostuma a produzir sucos e o faz repetidamente. Tem lugar, então, o segundo aspecto das emoções contidas: esses sucos emocionais, quando provocados, são retidos, e assim vão-se criando, de novo, novas situações de doenças, que são os miasmas.

Os miasmas são ingeridos pelos seres de uma vibração um pouco abaixo da de vocês. São seres que não entendem seu proceder como bom, ou ruim. Eles simplesmente se sustentam porque precisam se sustentar. Quando surge um miasma no corpo de uma pessoa, eles acorrem para o potencializar, para se alimentarem. Assim, aparecemos de novo, se autorizado, para limpar novos miasmas.

No momento em que vocês se limpam dos miasmas, é comum ficarem um tempo chorando, angustiados, às vezes explodem de raiva, pois, à medida que os detritos saem, levam com eles tudo o que está corporificado.

Há sempre alguém se aproveitando dessa situação?
(por Stella)

Quando vocês usam a palavra "aproveitando", dão a entender que é algo negativo, mas não é. Tudo é aproveitável.

Da mesma maneira que atraem energias baixas, vocês amam e têm outros sentimentos que classificam como positivos; esses sentimentos também são sucos emocionais e são aproveitados por outros seres.

São os mesmos seres que se aproveitam tanto dos sentimentos positivos quanto dos negativos, ou são seres distintos?

(por Stella)

Certamente, são distintos. Os sucos emocionais estão conectados com determinado padrão vibracional. Tal como no universo, tudo neste plano está conectado com o padrão vibracional. No momento em que vocês começam a alterar sua vibração e entram em determinada frequência, passam a receber tudo que está ligado a essa frequência. Portanto, todas as coisas que vocês têm hoje na vida são fruto do seu padrão vibracional. Nada é estranho a ele. A única coisa que nós podemos fazer é ajudá-los a dar o próximo passo, orientando-os a entrar em uma vibração ainda mais fina e apropriada para vocês mesmos.

O que é Deus?

(por Luiz Bezerra)

Estou feliz de estar com vocês novamente neste campo de informação. O entendimento que vocês têm de Deus é ainda muito precário, e muito primário também. E assim é porque vocês foram condicionados a pensar dessa forma – vocês passam por um momento em que não se lembram de quem são nem de por que estão aqui. Esta é a exata razão pela qual vocês tendem a se fixar em seres maiores, que, de certa maneira, se relacionam com o mundo de vocês; e esses seres se apresentam de muitas formas.

Muitas vezes, vocês são a extensão desses seres e, obviamente, quando manifestados, eles são reverenciados. Vocês têm uma natureza devocional. Vocês, humanos, na condição em que se encontram, são facilmente impressionáveis. Em relação a qualquer coisa que efetivamente extrapole a sua compreensão, vocês desenvolvem muito medo ou uma grande devoção.

O Deus que vocês entendem como Deus é apenas uma faceta da projeção do seu próprio sentimento devocional. Aquele que realmente é a sustentação de tudo, e que nós chamamos de inominável, é algo que, em sua atual condição, vocês só podem sentir, mas não compreender. Vocês não têm os instrumentos e o aparato para que consigam compreender e entender o que é Deus, como é chamado por vocês.

Aquilo que tudo sustenta, o inominável, tem muitas formas e classificações, mas, se vocês querem começar a entender o criador, aprendam que, neste universo, existiram nove.

São nove os criadores deste universo, os quais certamente estão ligados a algo maior, a algo além. Esse algo além tem uma conexão com algo que se encontra ainda mais além. É por isso que nós o chamamos de fonte primária, a origem de tudo.

Na compreensão de vocês, não há como processar o que é a fonte primária. Entender o que existe neste universo e que ele foi gerado por nove criadores já é muito complexo para vocês.

Por que Deus nos criou?

(por Luiz Bezerra)

Todo movimento do universo foi resultado de uma autoexperimentação. Para que tenha existido uma autoexperimentação, foi necessária uma descolagem. E o que é descolagem? É a interface com a própria face. Para vocês perceberem a face, precisam ter a outra face; do contrário, não há como a notarem.

Em suas experiências, muitos planos foram criados, e tanto frequências como vibrações se multiplicaram. Ao mesmo tempo, existem várias faixas, cada qual com sua própria experiência. Existe a faixa onde vocês se manifestam agora, neste momento. Vocês a chamam de terceira faixa vibracional. Ela tem uma razão de existir.

Muitas impurezas são resolvidas exatamente na vibração dessa faixa. Toda condição de existência deste planeta foi criada sob essa circunstância, assim como a de outros mundos e outros experimentos. Como a Terra foi forjada para se autoexperimentar, para ser uma face da interface, todas as formas de vida trazidas para o planeta foram criadas geneticamente.

As formas de vida que foram para cá transportadas carregavam uma variedade muito grande de experiências e experimentos, na condição em que o planeta foi proposto. A raça humana é uma das pequenas interfaces da Terra. Não é a raça principal, porque não existe um povo mais importante do que outro. Todas as raças são importantes.

Quando foram trazidos para cá, vocês conviviam com todos os seres. Procurem ver sua raça como um veículo que vocês ocupam, mas que não são ele. Esse veículo foi criado e plasmado por seres das Plêiades. Eles se apossaram da raça humana, modificaram-na e aprimoraram-na para atingir objetivos pessoais que tinham, cerca de 508 mil anos atrás.

A raça de vocês foi desenvolvida, com permissão dos criadores maiores, para servir às necessidades de alguns seres das Plêiades. Mas, ao longo do tempo, ao interferir na raça humana, eles criaram um drama – pela ausência de consciência na experiência em que vocês se encontravam –, e precisaram resolver esse drama.

Muitos desses seres tiveram de encarnar na raça humana, que eles mesmos haviam manipulado. Não como uma iniciativa certa ou errada, mas como algo que foi permitido. Muitos dos dramas que vocês vivem hoje surgiram exatamente das manipulações de DNA da raça humana, ocasiões em que esses seres, por inúmeros motivos e por várias vezes, quase chegaram a destruir a humanidade.

Os problemas que eles tinham na dimensão e na faixa em que operavam acabaram sendo trazidos para a terceira faixa, na qual vocês se encontram, tornando-a um reflexo da anterior. Vocês são altamente influenciados por tudo o que ocorre na faixa de cima, e esta é a origem dos dramas. Para que as coisas evoluam, vocês precisavam passar pela evolução das raças.

Vocês ainda têm duas raças para cumprir, e só depois que todas as raças se cumprirem e o sistema em volta dessas raças for totalmente interconectado, entrelaçado em forma de rede matricial energética – pois tudo é uma coisa só –, a Terra concluirá seu propósito neste nível de faixa, assim como outros planetas já o fizeram.

Vocês passarão a viver e a buscar outras experiências no universo.

Vocês já estiveram muitas vezes nesse corpo e voltarão a ocupá-lo outras tantas, muitas ainda. Vocês estão apenas um pouco cansados, e é compreensível que estejam, pois estão vibrando no fim de um ciclo.

No findar de todos os ciclos, em todos os universos, é natural que aqueles que decidem e são designados a encarnar, já encarnem um pouco cansados. Afinal, é o crepúsculo dos tempos, o fim do ciclo. Então, é normal que estejam assim. A raça humana é controlada por vários seres. Vocês, aqui, não são habitantes nem sobreviventes, no sentido mais íntegro dos termos.

E quem controla vocês? No fundo, são vocês mesmos. Porque são vocês que fazem parte do jogo, que estão do outro lado, que resolvem multifacetar sua consciência e levá-la à experimentação. Então, antes que busquem algum culpado, é importante entender que quem manipula o jogo são vocês mesmos. Vocês estão aqui, mas também estão do outro lado. É de fundamental importância que entendam isso. Quando começam a se conectar com sua consciência maior, vocês passam a ter uma vida bem mais fácil e mais equilibrada dentro do propósito que estabeleceram para si mesmos.

Conforme Luiz Bezerra, nós, humanos, ainda temos duas raças a cumprir. O que isso quer dizer?
(por Joehl)

Significa o fechamento de um ciclo, uma experiência evolutiva para que vocês possam conhecer – em sua atual manifestação como espécie e na sua relação com os outros seres – a natureza de todas as manifestações sob o prisma de depuração e pureza das experiências coletivas das consciências maiores, que foram, de certa forma, por sua livre vontade e abnegação, fragmentadas para integrar tudo o que vocês são hoje.

Qual é o papel do Sol?
(por Yahnon)

O Sol de vocês é algo que resplandece em sua estrutura todo o dia. Sem ele, a vida não existiria. Como poderia ser chamado esse astro cuja condição é servir? Talvez seu Pai?

Há muitas eras, havia uma devoção e um alinhamento solar dos seres humanos. Esse arranjo, em sua grande parte, se perdeu pelo fluxo dos movimentos evolutivos de sua raça.

É certo que a ligação dos humanos com o Sol transcende a sua própria compreensão. O Sol é o grande confluente de seres que, em uma só consciência, habita a conexão tridimensional e multidimensional de sua existência. No interior da Terra há um sol central que ressoa com o Sol em torno do qual seu planeta gravita. Chamamo-lo de sol interno. Há o

Sol externo e o sol interno, que se conectam e sustentam o seu sol pessoal.

É hora de saber que existe um sol em cada um de vocês, bem no seu corpo. Ele alimenta sua força motriz e se estabelece conectado com o sol interno do planeta e o Sol externo do sistema.

Por sua vez, o Sol do seu sistema, o externo, é alimentado e conectado a outro sol, que podemos chamar de sol galáctico, para seu melhor entendimento.

Podemos constatar, então, uma confluência de sóis para que todo o sistema deste plano funcione em conformidade com sua mais completa programação.

Os animais e as plantas são espíritos?

(por Luiz Bezerra)

Todo sistema vivo tem uma função no mundo. Isso inclui, também, os animais e os vegetais. Eles pertencem a reinos completamente sincronizados com tudo o que ocorre.

Para que vocês tenham uma experiência completa, precisam passar por todos os ciclos de todo o sistema do mundo. E é exatamente nesse ponto que a compreensão de vocês, muitas vezes, se prova limitada. Vocês se veem como seres humanos, mas não são seres humanos. Vocês não nasceram neste planeta. Todos vocês foram trazidos de fora, de diferentes pontos do universo, para habitar este lugar, alguns há muito tempo, outros há pouco tempo. É fundamental para vocês entender que não nasceram aqui, mas chegaram aqui, são pó das estrelas. Todos vocês, sem exceção. É hora de vocês se lembrarem disso.

Os anjos são extraterrestres?
(por Luiz Bezerra)

Se vocês pensarem que tudo o que não está na Terra não pertence a ela, então tudo é extraterrestre. Mas, de fato, o que vocês entendem como anjos, em alguns aspectos, nada mais são que seus amigos, entidades que resolveram, neste momento, dar apoio à terceira faixa.

Esse é um aspecto a ser entendido. Os anjos se manifestam como seus protetores, como seus guardiões, enquanto vocês estão aqui. Alguns de vocês assumem esse papel quando voltam: proteger outros seres humanos, guardá-los. Mas não fazem isso para defendê-los daquilo que se convencionou entender como o mal, e sim para resguardá-los nos limites da programação que foi feita na estrutura do planeta.

Contudo, há também consciências que pertencem a outro reino, o dos seres alados.

Esses seres alados acorrem à Terra para prestar uma ajuda, para dar sustentação a fim de que os planos sejam cumpridos em cada uma das programações planetárias já delineadas.

Cada planeta tem uma programação. Cada sistema solar tem a sua programação. Assim como cada sistema maior e cada universo têm a sua programação. E é dentro dessa programação que as realidades se manifestam, como uma ajuda mútua de tudo que é pelo que elas são, dentro da sua manifestação.

Há vida no interior do planeta?

(por Ata)

Claro que sim. Mais do que imaginam. Muitas civilizações, grupos de seres de diversas ordens resolveram habitar o interior do planeta. A vida ali é muito atrativa em diversos aspectos, tem mais proteção e é mais preservada. Em níveis energéticos, essa camada da Terra é bem mais poderosa para todo e qualquer trabalho.

Uma parte da civilização que ali vive tem corpos diferentes, outra parte vibra em frequências distintas dentro dos multicampos do interior do planeta.

Há também seres humanos em condições diferenciadas que não têm o menor interesse em se relacionar com os seres humanos que vivem na superfície terrestre.

Muitas das naves que vocês, às vezes, visualizam, são do interior do planeta. Muitos seres moram nos oceanos e abaixo deles, e há diversos dutos no fundo do mar que são utilizados como passagens de dentro para fora. Alguns vulcões também são meios de ligação entre dois ou mais pontos.

A vida no interior do planeta envolve multidimensões, e boa parte dela se encontra bem protegida mais de 100 quilômetros litosfera abaixo. Portanto, os seres da superfície terrestre não conseguirão chegar até lá. Mesmo que vocês quisessem conhecer esse outro mundo, não conseguiriam, pois os sistemas de proteção são tão bem-feitos que o corpo morreria nas primeiras tentativas.

Vocês devem se perguntar por que há essa separação. Ela decorre de uma ordem natural de campos de desenvolvimento. Por exemplo: vocês sabem que, em sua casa, convivem com alguns insetos, que eles fazem parte do seu habitat; vocês não se incomodam com eles, mas não os querem em sua cama, dormindo com vocês. Da mesma forma, os seres que habitam o interior do planeta têm um nível de consciência amplificado e não querem ter contato com o "atual" estágio de manifestação dos seres humanos da superfície, apesar de respeitarem a experiência.

No entanto, muitos seres do interior da Terra conseguem se conectar dimensionalmente com seres da superfície, movidos por propósitos específicos. Alguns interagem até fisicamente, mas de forma muito personalizada e seletiva.

Sou um desses seres do interior que atua na superfície do planeta e conheço bem os seres humanos. Tornei-me voluntária há alguns milhares de anos e venho fazendo esse papel para reequilibrar a energia da raça humana.

Este é o momento, e aqui tenho estado com vocês.

Quem passou as leis para Moisés? O clarão que apareceu foram os extraterrestres?

(por Luiz Bezerra)

Aquele que vocês chamam de Moisés é um ser vindo das Plêiades, que também manipulou a raça humana. Um de seus aspectos veio ao planeta para fazer um resgate e trazer luz para os homens, como parte de sua missão. Logicamente, esses seres não operam sozinhos. Por mais que uma consciência completa desça e se manifeste em um corpo, ninguém desce sozinho. Não há como.

Vocês estão sendo ajudados todo o tempo. Por quê? Porque os que estão ajudando também fazem parte da missão de vocês, no trabalho e no experimento de vocês. Por assim dizer, então, sempre vai haver uma interferência extraterrena, dos deuses maiores deste plano. Vocês podem entender esses seres como alienígenas, se quiserem, uma vez que não são originários do seu planeta. Todos os seus deuses, porém, são extraterrestres. Absolutamente todos, dentro da sua compreensão.

Os extraterrestres sempre fizeram experiências genéticas. Os mitos gregos foram experimentos?

(por Luiz Bezerra)

Todos os deuses gregos são extraterrestres. Nenhum deixou de ser. O fato de distinguirem os seres que habitaram a Terra desde o início não faz de vocês os donos dela.

Os seres reptilianos de natureza, principalmente os dragões – nome pelo qual vocês os conhecem –, são os donos do planeta, por assim dizer. Se eles decidem, por alguma razão, extinguir a raça de vocês, eles o fazem em muito pouco tempo.

Eles detêm conhecimento, inteligência e tecnologia que vocês não têm. Esses seres, para aceitar a colonização de outros seres vindos das estrelas – e vocês também são seres vindos das estrelas –, se misturaram com muitos seres – dragões e reptilianos. Essa mistura foi um acordo para que pudessem ser plasmados óvulos de consciência para novos experimentos e a experimentação da adversidade e da pluralidade de cada espírito.

Pode-se dizer, então, que muitos desses seres extraterrestres, reptilianos e deuses, se misturaram, e essa mistura trouxe a diversidade e o sentido do jogo de polaridades que vocês vivenciam.

Portanto, toda história grega que vocês têm contado – e podemos captá-la em todo canto e em toda biblioteca do mundo – está baseada nesses seres que, para nós, não são deuses tão grandiosos assim, embora eles o sejam para vocês, que são facilmente impressionáveis.

Foi feita uma inseminação artificial em Maria, mãe de Jesus?

(por Luiz Bezerra)

Essa personalidade, que vocês chamam de Jesus, já esteve no planeta muitas vezes. Ele vem como aspecto de um ser maior que, por sua vez, vem de um universo muito distante a fim de ajudar este universo a formular, montar e estruturar a raça humana. Ele foi o primeiro protótipo humano dentro da nova genética proposta pelos geneticistas deste plano.

Esse ser maior tomou emprestado o primeiro corpo, e era chamado de Adão. Para que seres dessa natureza venham para um plano, eles têm de fazê-lo sob uma estrutura diferente. Eles não podem nascer de uma forma normal. Se assim fosse, ninguém conseguiria fazer as conexões que precisam ser feitas.

Jesus, como vocês o chamam, é parte desse ser maior. Em determinadas vibrações, para descerem a este plano, os seres precisam de outro ser que vibre como eles.

Pode ocorrer de descer um ser sob uma forma não convencional? Sim, desde que isso esteja escrito nas estrelas e haja confluências vibracionais.

Quem foi Jesus?

(por Luiz Bezerra)

Por um lado cósmico, ele foi um ser muito respeitado. Um aspecto de um dos nove criadores deste universo. Ele é uma parte do criador. Para que ele pudesse vir à Terra, não poderia se apresentar de uma forma comum. Ele foi colocado dentro de outro ser, que também foi preparado para descer neste plano. Ele não poderia ser gerado por qualquer outra pessoa, e a mulher que se manifestou, a qual vocês chamam de Maria, é um ser muito digno, vindo das estrelas.

Há pouco mais de dois mil anos – em sua escala de tempo – ele nasceu como judeu e fariseu. No entanto, não só Jesus, como outros milhares de seres que desceram neste plano naquela época, eram mestres poderosos, vindos do nosso campo astral, e só poderiam vir dessa forma, ou na transmutação de consciência. Se não houver uma entrada pelos túneis de luz ou uma transmutação de consciência, não há como esses seres descerem aqui.

Mas lembrem-se de que Jesus não foi um só; ele veio a este planeta várias vezes para trazer e ancorar novos estágios e novas evoluções dentro do ciclo programado para este plano.

Normalmente, esses seres vêm no final de um ciclo luminoso e deixam espaço de preparação para novos ciclos de luz. Este foi o propósito de Jesus e de outros seres também, porque ele não veio só.

Jesus pode ser igualmente entendido como um mestre. Houve muitos no universo, como já disse. Boa parte de sua história e de seus ensinamentos foi perdida. O que vocês sabem sobre ele, hoje, é muito pouco, e sobre os outros, praticamente nada.

Como sentir e compreender melhor as informações contidas na música?

(por Joehl)

A música não é para ser compreendida, é para ser sentida. À medida que vocês sentem o sentimento, ele os conecta na quarta e quinta dimensões com a sétima dimensão, ou faixa, como dito antes. A compreensão que tanto vocês desejam vem pelo sentimento. Primeiro se sente, depois se entende.

O grande problema é que vocês querem entender antes de sentir. Essa inversão desconecta-os das dimensões maiores, de modo que vocês não percebem o fluido, as informações e a quantidade de dados que compõem as músicas que escutam. A música é uma faixa; ela existe, em forma e conteúdo, em um nível que vocês não compreendem.

Nós, humanos, não somos capazes de compreender o que é Deus. São nove os criadores, segundo vocês. Mas existe um Ser Supremo, ou um ser qualquer, que nos ouça e possa nos ajudar quando pedimos, tal como ensinam as nossas religiões? Existe um chefe geral? Ele tem condição de nos ouvir? Ou nós somos muito pequenos para ele?

(por Luiz Bezerra)

Não existe o pequeno e o grande, isso é uma crença de vocês. Na condição em que se encontram, é pouco provável que possamos possibilitar a vocês o entendimento de algo tão grandioso, tornando-o compreensível; e eu vou lhes explicar a razão disso.

O criador que vocês buscam é inominável. Se houvesse uma palavra que pudesse expressá-lo, ele já não existiria. Ele existe exatamente porque não há palavra para exprimi-lo.

As palavras que aqui uso por meio deste veículo e neste sistema já sinalizam uma distância completa na condição de manifestação existencial cósmica. Quando voltarem a este plano, vocês estarão em um nível distinto do atual, e perceberão que as palavras são desnecessárias. Vocês, aqui, ainda precisam da linguagem para se comunicar. Isso é algo completamente atrasado, sob o nosso ponto de vista – mas, ao mesmo tempo, temos a perfeita compreensão da necessidade das palavras no estágio existencial em que vocês se encontram.

Sintam o algo maior, pois esse é caminho.

◆

Os santos da Igreja Católica, bem como os deuses e divindades das outras religiões, também são consciências, como vocês? Eles têm o mesmo poder de ajudar as pessoas?

(por Stella)

Suas religiões envolvem diversas crenças, muitos enganos e muitas verdades. Tanto os enganos como as verdades fazem parte da experiência de vocês, e são igualmente necessários. Todos os campos se manifestam dentro da experiência divina que é o planeta de vocês.

◆

Isso vale tanto para o catolicismo quanto para o hinduísmo, o budismo, o islamismo, as religiões africanas e outras crenças? O pai de santo que incorpora uma entidade é um veículo que recebe uma consciência diferente?

(por Stella)

As ações de ajuda neste plano são realizadas de forma similar, sob várias linguagens, denominações e manifestações. Não poderia ser diferente diante da diversidade do planeta (pequena para nós, mas grande, dentro do entendimento de vocês). Portanto, as manifestações são, de certa forma, semelhantes.

Se Jesus é um dos nove, quais são os outros oito seres que regem a galáxia?

(por Stella)

Jesus não é um dos nove. Jesus é uma manifestação encarnada de um ser maior, inominável, que deveria ser mantido assim, apesar de vocês buscarem nomes para os seres.

Pouca capacidade vocês têm para compreender isso, e pouca utilidade tem esta pergunta. Mas, no tempo certo, vocês encontrarão a resposta, quando seu nível de consciência estiver mais elevado.

Se são esses nove seres que julgam os demais pelo mérito de uma vida inteira, são eles também que determinam quantas hélices do DNA podem ser colocadas em um outro ser quando de sua reencarnação?

(por Stella)

Não existe julgamento. Vocês terão as hélices recobertas ao longo dos próximos tempos. Isso faz parte da jornada e do plano de vocês

───────◆───────

Como está a energia do planeta agora?
(por Stella)

(Vinte minutos de silêncio.)
No intervalo de tempo que durou este silêncio, ela já mudou várias vezes. Então, essa é uma energia em constante mutação. É uma energia que penetra todas as dimensões. Ela carrega a luz líquida, tem a energia escura, tem a luz escura. A luz escura é uma das mais puras. Mas pouca compreensão vocês têm disso. Pouco sabem a esse respeito. A força da luz escura será descoberta em algum momento do caminhar da humanidade.

Vocês associam a escuridão a algo atemorizante. Há um equívoco no entendimento da energia e da luz escuras, bem como no da luz líquida escura. Todas essas qualidades de luz são tipos de energia que se espalham por todos os eixos do seu universo sob a forma de ondas que, por sua vez, são constantes e vêm se acentuando.

À medida que essas ondas se acentuam, o universo se move, pois movimento afeta movimento. Vocês são seres dinâmicos; quando param de se mover, vão contra a ordem natural das coisas. Daí vem o sofrimento: quando há interrupção do movimento.

Mesmo que vocês estejam parados em um momento de meditação, sua mente precisa entrar no movimento. Aqueles de vocês que entenderam o que realmente é a meditação sabem que ela representa um profundo e constante movimento. Um exercício por meio do qual vocês se soltam e se despregam.

Assim é a energia e assim está a energia neste planeta, no momento: em intensa atividade através de suas ondas, que se acentuam e fazem os movimentos se tornarem cada vez mais constantes, mais frenéticos. Vocês podem notar como esse movimento que afeta o movimento acontece em vários níveis, sob as mais visíveis e invisíveis formas.

Observem como as coisas vêm mudando no seu mundo. Como os conceitos vêm mudando, como o ritmo da vida está cada vez mais rápido. Isso é um claro reflexo do movimento de ondas neste mundo. As coisas não estão acontecendo simplesmente porque estão acontecendo, mas porque vêm de uma ordem anterior, de um movimento pregresso, e é exatamente esse movimento que vai criando movimentos em cima de movimentos.

A melhor maneira de vocês se alinharem com este universo é mantendo-se em efetiva atividade. Um movimento que esteja de acordo com a jornada que escolheram e que vocês carregam em sua essência, em sua alma. Não o movimento baseado no medo, na repulsa, na raiva ou em outros tipos de emoção que, muitas vezes, lhes trazem alguns distúrbios que podem fazê-los passar por experiências desagradáveis, apesar de, ainda assim, haver aprendizado.

Portanto, o momento atual está em constante movimento. A energia que paira neste instante no planeta já é um pouco diferente da de quando eu comecei a falar e a me manifestar. Se vocês conseguem compreender que o movimento atrai movimento, que esse é um processo contínuo, progressivo e que atinge a todos, sem exceção, vocês têm condição de assumir seu papel neste campo tridimensional, de se alinhar a esse movimento e de ter suas experiências dentro do que programaram para si mesmos.

Mensagem final

(por Joehl)

Meus amados, os próximos tempos estão chegando; a hora aguardada se aproxima e vocês foram escolhidos para sustentar esse momento em sua verdade e presença. Muitos têm a lucidez das sucessivas transições, outros tantos não têm, mas isso não coloca ninguém em condição de superioridade, pois o momento é de todos.

Seus irmãos estão presentes em cima, ao seu lado e embaixo. Ninguém está sozinho. Vocês sustentam e ancoram toda uma raça conjuntamente com seus irmãos planetários de outras espécies e raças que habitam, neste momento, o seu mundo.

Diante de sua grande mãe, todos têm igual importância, e, ao longo dessas transições sucessivas, todos têm um trabalho a ser feito. Em seu íntimo aspecto, cada um dispõe de todas as informações necessárias para proceder nos movimentos do plano. Lembrem-se de que tudo lhes foi confiado e de que nós nos comunicamos com todos do planeta por meio de várias formas e línguas.

Todos os seres vivos estão em sintonia, e sua sintonia será resgatada gradativamente.

Os despertos e lúcidos terão a missão de ajudar os que ainda serão tomados pelo desespero por causa da não recordação dos movimentos que se sucedem.

Sou um ser solar, este é meu lar, em completude com a unidade do que tudo se manifesta.

Os próximos tempos virão em acento. Na verdade, e em verdade lhes digo, tudo está na mais perfeita ordem. Mesmo que a confusão lhes assalte a mente, mesmo que o aperto lhes tome o coração, mesmo que os rumores os desorientem, confiem na unidade que se manifesta.

Nos próximos tempos, o plano em que se encontram receberá ajustes eletromagnéticos em proporções assimétricas. O imensurável, o imponderável, se manifestará. Os movimentos que se darão em seu plano alterarão, gradativamente, a estrutura de suas comunicações e seu estado de consciência. Com o tempo, não será mais possível sustentar uma única mentira sequer. Tudo virá à tona.

Essa situação resultará de todo um realinhamento galáctico. Seu Pai sustentador, o Sol que ilumina, lhes dará a verdade divina, o sopro de luz que penetrará as mais profundas camadas de todos os seres vivos que se manifestam neste plano.

Estamos com vocês, e recordem-se: vocês são nós e nós somos vocês. Bebam da luz, mantenham-se em seu centro. Estejam onde estiverem, esse será o seu lugar.

Eu sou Joehl e estou a serviço de minha morada solar e na sustentação de seu plano.

Índice das perguntas dirigidas às consciências

1. SERES DO ALETHEIA
   - Quem são vocês? 19
   - Como podemos identificar vocês? 22
   - De onde vocês vêm e por que estão ajudando? 24
   - O que o ser humano representa no universo, no futuro, para justificar essa ajuda? 26
   - Vai dar tempo de socorrer a todos? Ou o auxílio virá apenas para um pequeno grupo que já havia acordado isso antes de vocês virem para cá? 27
   - Vocês, das egrégoras que nos ajudam, também se alimentam das emoções dos humanos? 28
   - Já está havendo alteração na estrutura de vocês? Como se dão as manifestações coletivas de seres espirituais? 29
   - O que é isso que vocês chamam de "faixa"? Nós, humanos, estamos na terceira faixa, então. Quantas existem? 31
   - Vocês, as nossas consciências e os nossos "eus superiores", em que faixa vibram normalmente? Para mudar de faixa, é sempre necessário um veículo? Podem mudar para cima? 32
   - Os chamados "espíritos desencarnados" são diferentes das consciências? Quais as diferenças entre eles? 32

2. NOVOS SERES
- Uma vez que nossa estrutura é antiga, como vamos sobreviver no novo cinturão de luz fotônica que está chegando? 37
- Os novos seres que estão vindo, já conectados com a luz fotônica, vão nos ajudar ou vão nos dominar? 38
- Em que momento da evolução da humanidade nós estamos? 38

3. CIÊNCIA
- As informações geradas pela numerologia e pela astrologia têm validade, fundamento e verdade? 45
- A teoria de Einstein foi suplantada pela aceleração dos neutrinos? 46
- Qual a formação e o componente químico da energia escura? 47
- O antropofágico buraco negro é portal para outras dimensões? 48
- Visto que há várias dimensões, onde fica o nosso alter ego? 49
- Se a viagem no tempo for possível, como fica a teoria do avô? 49

4. JOGO DO MUNDO
- Nossos conceitos de bem e mal, de certo e errado, prevalecerão só no nível em que estamos? Não vale para o nível de vocês? 55
- Afora nossa dimensão e limitação, existe a polaridade entre bem e mal? Como o mal interfere além da Terra? 55
- Qual a razão da existência? 56
- Até que ponto temos algum controle sobre a nossa vida, já que somos apenas parte do jogo, aquilo que coletivamente experimentamos? 57
- Levando em conta nossos conceitos de bem e de mal, existem consciências (ou seres energéticos) incorporadas nos humanos

que os levam tanto para o lado do bem quanto para o do mal? Há essa diferença?	59
– Cada um dos 7 bilhões de habitantes da Terra é veículo para um ser energético diferente? Todos fazem parte do jogo?	61
– O que chamamos de alma é o ser energético que fez o contrato para o jogo? É o nosso Eu Superior?	62
– Como três egrégoras trabalham juntas? Isso já ocorreu antes?	63

5. EXISTÊNCIA HUMANA

– Haverá mesmo o apocalipse? Ocorrerá em breve ou em alguma data no futuro?	69
– O ciclo previsto pelos maias, com término em 21 de dezembro de 2012, corresponde ao fim dos 10 mil anos de escuridão e início dos 2.148 anos de luz?	73
– O que vai acontecer conosco, os humanos, quando chegar esse momento?	75
– Jheremias falou que todas as estruturas do planeta vão se modificar nos próximos cinquenta anos; e o que nós pensarmos vai acontecer. Como será isso?	76
– Esse princípio vale também para os pensamentos destrutivos? Todos os humanos terão esse poder?	77
– Nossa alimentação influencia a conexão com a nossa essência e com o planeta Terra?	77
– O que vocês podem falar sobre o nosso corpo? Ele é o mesmo aqui e do outro lado?	79

6. EVOLUÇÃO HUMANA

- Quem somos nós? 83
- Isso vale para todas as pessoas da mesma forma? 84
- Nós programamos as coisas e elas não acontecem. Por quê? 84
- O que vocês podem falar sobre os obsessores? Eles atrapalham ou ajudam em nossa evolução? 86
- O que ocorre nas desobsessões e por que as pessoas são atingidas por obsessores? 89
- Por que vocês não falam tudo para as pessoas, em relação aos problemas que elas vivem? 91
- Constantemente nos é dito que o nível de luz do planeta está aumentando. Como entender isso se a violência e o mal estão cada vez mais presentes no dia a dia? 94
- Temos cidades cada vez mais violentas. Como se muda isso no mundo? 97
- Como equilibrar nosso desenvolvimento humano e espiritual nos dias de hoje? 100
- Como saber identificar, nas experiências pelas quais passamos, o que é opção do nosso ser superior e o que não é? 103
- Como saber se estamos tomando as decisões corretas? 104
- Como saber qual é o nosso propósito na vida? 104
- Como desenvolver as habilidades que sentimos possuir e que podem contribuir para um bem maior? 105
- Por que, às vezes, parece que nos tornamos muito desarmonizados? 106
- Como nos mantemos conectados no amor? 106

- O que vocês podem dizer sobre as religiões? Qual é a real
  necessidade delas? 106
- Qual é o sentido espiritual em se ter filhos? Eles são
  necessários para a nossa evolução? 108
- Como podemos ativar a comunicação consciente com
  nossos guias (anjos)? 109
- Mesmo nas adversidades físicas e emocionais, existe uma
  forma de saber se estamos cumprindo a nossa missão? 110
- O ser humano foi desenvolvido apenas para compor as
  pedras do jogo que os pleiadianos estavam criando para
  o planeta Terra? Ou eles têm outros objetivos? 111

7. EVOLUÇÃO ESPIRITUAL
- Nós seremos seres multidimensionais em breve, mas em
  qual escala de tempo – a nossa ou a sua? Isso alcança a
  geração que está aqui na Terra hoje? 117
- Já houve outras civilizações cósmicas ou presenças em outros
  tempos da Terra? 118
- O que podemos fazer para evoluir mais rapidamente?
  Haveria livros disponíveis para nós, para podermos ler a respeito? 120
- Qual o caminho para a evolução espiritual? 121
- Qual o nosso propósito como espíritos? 121
- Qual é o espírito mais evoluído que já reencarnou na Terra?
  Jesus? Buda? Algum outro? 123
- A meditação é a ferramenta para que possamos nos aprimorar
  e estabelecer uma maior conexão com as consciências? 124

- *Vocês podem indicar algum exercício que auxilie na meditação?* 125
- *Existe uma maneira melhor de respirar durante a meditação?* 125
- *Como captar e absorver as informações que podemos obter da Consciência Universal, de maneira a ajudar a humanidade e o planeta?* 126
- *Como podemos nos tornar canais de luz melhores?* 128
- *Podemos desenvolver habilidades para experiências conscientes fora do corpo (sonhos, projeção astral) ou isso é próprio da natureza/propósito de cada um?* 130
- *Como podemos trabalhar a questão e aceitar melhor a morte de entes queridos?* 132
- *O que significa a crença de que o apego exagerado a um falecido prejudica a liberação de sua alma?* 132
- *O que significa estarmos caminhando para a "supraconsciência"? Como ela se encaixa em nós?* 133
- *Quais são as reações a um despertar espiritual?* 134
- *O nosso jogo, segundo Luiz Bezerra, é controlado e manipulado por nós mesmos, da outra dimensão. O que podemos fazer para melhorar as nossas condições aqui?* 135
- *Muita gente está deprimida, sem um propósito para viver. Por que isso vem aumentando?* 136
- *O que é a depressão?* 138

8. CURAS ESPIRITUAIS
- *Por que adoecemos?* 143
- *Por que estamos passando por um processo tão intenso e doloroso?* 145

- Vocês sugerem que desenvolvamos a autocura. O que precisamos aprender para fazer isso? Que instruções e que ferramentas vocês nos darão? Como faremos? 147
- Vocês recomendam que façamos a "entrega" dos nossos problemas e dificuldades. Para quem se faz essa entrega? 150
- Por que é preciso haver dor em alguns tratamentos? 150
- Por que nem todos são curados? 154
- Como se dão as curas ou trabalhos por meio do corpo do veículo? 157

9. MISTÉRIOS CÓSMICOS
- De onde viemos? 163
- Qual a razão de nossa limitação? Qual é o motivo de estarmos presos em um processo evolutivo? 165
- O que são sucos emocionais? 166
- Existe um propósito em se aproveitar aquilo que nós produzimos? 167
- Independentemente dos sentimentos produzidos, bons e ruins? 167
- O que poderia dizer sobre eles? 167
- Há sempre alguém se aproveitando dessa situação? 168
- São os mesmos seres que se aproveitam tanto dos sentimentos positivos quanto dos negativos, ou são seres distintos? 169
- O que é Deus? 169
- Por que Deus nos criou? 171
- Conforme Luiz Bezerra, nós, humanos, ainda temos duas raças a cumprir. O que isso quer dizer? 174
- Qual é o papel do Sol? 174

- Os animais e as plantas são espíritos? 175
- Os anjos são extraterrestres? 176
- Há vida no interior do planeta? 177
- Quem passou as leis para Moisés? O clarão que apareceu foram os extraterrestres? 178
- Os extraterrestres sempre fizeram experiências genéticas. Os mitos gregos foram experimentos? 179
- Foi feita uma inseminação artificial em Maria, mãe de Jesus? 180
- Quem foi Jesus? 181
- Como sentir e compreender melhor as informações contidas na música? 182
- São nove os criadores, segundo vocês. Mas existe um Ser Supremo? Ele tem condição de nos ouvir? 183
- Os santos da Igreja Católica, bem como os deuses e divindades das outras religiões, também são consciências, como vocês? Eles têm o mesmo poder de ajudar as pessoas? 184
- Isso vale tanto para o catolicismo quanto para o hinduísmo, o budismo e outras crenças? O pai de santo que incorpora uma entidade é um veículo que recebe uma consciência diferente? 184
- Se Jesus é um dos nove, quais são os outros oito seres que regem a galáxia? 185
- Se são esses nove seres que julgam os demais pelo mérito de uma vida inteira, são eles também que determinam quantas hélices do DNA podem ser colocadas em um outro ser quando de sua reencarnação? 185
- Como está a energia do planeta agora? 186

Agradecimentos

Agradeço a todos que serviram ao Aletheia desde a sua fundação, em 1994, e que sustentaram o trabalho para que nós estivéssemos aqui e agora fazendo o que tem de ser feito.

Agradeço, do fundo do coração, aos meus guias e às consciências do Aletheia que me ensinam com paciência e que me educam na mais profunda condição de fragilidade existencial em que me encontro.

Agradeço a Teresinha, Reynaldo e Mhu, pelo apoio nos momentos iniciais de transição, fundamental para que a verdade se estabelecesse com o tempo.

Agradeço, com muita alegria, aos voluntários do Aletheia que emprestam seu corpo, sua energia e seu amor em prol do próximo, gratuitamente.

Agradeço, enfim, a todos que nos dão suporte no dia a dia para que possamos superar o desafio de ajudar pessoas.

www.institutoaletheia.org.br

Leia também *Orações do sol* e *A essência da bondade*.

TIPOLOGIA: Californian [texto]
Avenir [aberturas]
PAPEL: Off-white 80 g/m² [miolo]
Cartão 250 g/m² [capa]
IMPRESSÃO: Formato Artes Gráficas
1ª EDIÇÃO: setembro de 2015
1ª REIMPRESSÃO: janeiro de 2020